진흙에서 핀 연꽃처럼

진흙에서 핀 연꽃처럼

초판 1쇄 인쇄 | 2019년 5월 29일
초판 1쇄 발행 | 2019년 6월 5일

엮은이 | 법보신문 편집부
펴낸이 | 남배현

기획 | 모지희
책임편집 | 박석동

펴낸 곳 | 모과나무
등록 | 2006년 12월 18일 (제300-2009-166호)
주소 | 서울시 종로구 우정국로 45-13(수송동) 4층
전화 | 02-725-7011
전송 | 02-732-7019
전자우편 | mogwabooks@hanmail.net

디자인 | ㈜끄레 어소시에이츠

ISBN 979-11-87280-36-1 03220

이 도서의 국립중앙도서관 출판예정도서목록(CIP)은 서지정보유통지원시스템 홈페이지
(http://seoji.nl.go.kr)와 국가자료공동목록시스템(http://www.nl.go.kr/kolisnet)에서
이용하실 수 있습니다. (CIP제어번호: CIP2019020832)

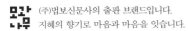
㈜법보신문사의 출판 브랜드입니다.
지혜의 향기로 마음과 마음을 잇습니다.

진흙에서 핀
연꽃처럼

모과
나무

우리는 더욱 아름다워야 합니다

요즘 세상엔 온통 나쁜 이야기로 가득합니다. 뉴스에는 좋은 소식 대신 슬프고 고통스러운 소식들이 끊임없이 쏟아지고 있습니다. 이런 혼탁한 뉴스들을 매일 접하다 보면 몸도 마음도 갈수록 각박해집니다. 세상이 선한 일을 권선하는 대신, 나쁜 일을 권하려고 하는 것 같은 착각마저 들게 합니다. 하지만 신행수기를 보면서 이런 생각이 기우였음을 알게 됩니다. 혼탁한 세상사에 흔들리지 않고 오로지 고구정녕 부처님의 가르침을 따라 바른 길을 걷는 참된 불자들이 이렇게 많았구나 하고 새삼 감탄합니다.

　신행수기 한 편 한 편은 불자들이 가야할 길을 온몸으로 보여준 드라마와 같습니다. 시련과 고통 속에서도 결코 굴하지 않고 오로지 굳은 신심과 수행의 힘으로 난관을 극복해나갔습니다. 진흙 속에서 가장 맑고 투명한 꽃을 피워내는 한 송이 연꽃이었습니다. 이 분들의 삶은 그 자체가 신행입니다. 생활 속에 있으면서도 부처님

4

품을 떠나지 않고 부처님의 가르침을 따르면서도 일상을 떠나지 않았습니다. 그래서 우리 불자들에겐 더욱 귀하고 값진 교훈입니다.

고려 중기의 고승 진각혜심 국사가 편찬한 선문공안집인 《선문염송》에 '설식부당포舌食不當飽 화병불충기畵餅不充飢'라는 말이 있습니다. 밥을 이야기해도 배가 부르지 않고, 그림의 떡으로는 배를 채울 수 없다는 뜻입니다. 불교를 단순히 배움의 대상으로, 또는 경전 속 좋은 말을 다른 사람의 허물을 공격하는 도구로 쓰는 사람들이 있습니다. 그러나 경전 속 가르침은 생활 속에서 실천할 때 우리 삶 속에서 오롯이 드러납니다. 참선하고 기도하고 염불하고 사경하고 남에게 베푼 만큼 우리는 더욱 자비로워지고 아름다워져야 합니다. 끊임없이 부처님을 닮아가다 결국에는 부처님이 돼야 합니다.

신행수기의 삶은 우리가 어떻게 부처님을 닮아가야 하는지 잘 보여주고 있습니다. 불제자들은 오직 수행과 정진의 힘으로 혼탁한 세상에 물들지 않고 정토세상을 열어 나가야 하겠습니다. 신행수기를 통해 사부대중 모두가 불자로서의 신심을 굳건히 하고, 새롭게 발심하는 계기가 되기를 기대합니다.

원행 | 대한불교조계종 총무원장

글로 쓰는 참회

우리는 6회에 걸친 신행수기 공모를 통하여 많은 불자님들의 간절한 서원을 접할 수 있었습니다. 해를 거듭할수록 불심 가득한 신행 경험이 좋은 글로 완성되어 많은 불자들에게 감동과 귀감이 되었으며 응모자들에게는 불자로서 자신의 삶을 성찰할 수 있는 계기가 되었습니다. 한편 지극한 기도와 수행으로 고난을 이겨낸 여러분들의 생생한 체험들은 또 다른 실의에 빠진 많은 이들에게 따뜻한 위로와 희망의 메시지로 전달될 것입니다.

누구에게나 고난과 역경은 찾아옵니다. 하지만 아무리 힘들고 절망적인 순간일지라도 이를 오히려 부처님을 만날 수 있는 계기로 삼아 극복할 수 있습니다. 불자로서 자신의 삶을 되돌아보며 구체적으로 자신에게 어떠한 변화가 있었는지 차분하게 글로 정리해보는 것도 참회의 방법이며, 그 자체가 수행이 될 수 있습니다.

각자의 방식대로 느끼고 경험한 신행의 모습들은 각양각색이지만 결과적으로 참가자들이 깨달은 부처님의 가르침은 하나일 것입니다. 그 가르침을 평생 마음에 지니며 앞으로 살아가는 데 큰 등불이 될 수 있기를 바랍니다. 앞으로도 이 신행수기 공모가 신심 고취와 바람직한 신행문화 확산에 크게 기여할 수 있기를 기대합니다.

　제6회 대한불교조계종 신행수기 공모에 당선되신 수상자 여러분들께 축하의 말씀을 드리며, 여러분들의 삶과 정신이 오롯이 녹아 있는 아름다운 글귀가 많은 불자들의 신행지침서로 큰 역할을 할 것이라 기대합니다. 또한 매년 신행수기 공모를 통해 솔직하고 용기 있게 자신의 이야기를 들려주신 모든 참가자 여러분들께도 큰 박수를 보내드립니다.

이기흥 | 대한불교조계종 중앙신도회장

길을 밝혀주는 도반

부처님의 가르침을 함께 따르고 수행하는 불자들을 도반道伴이라 합니다. 불법을 등불 삼아 성불을 향해 함께 걸어가는 벗이라는 의미입니다. 불교의 가르침은 쉽지가 않습니다. 부처님의 가르침과 가피에 의지하지만 결국은 스스로 하나하나 체득하고 실천해나가야 하는 어려운 길입니다. 그래서 수행과 정진에는 반드시 도반이 필요합니다. 혼자서는 도저히 감당할 수 없을 것 같은 힘든 일도 신실한 도반이 함께한다면 너끈히 이겨낼 수 있습니다. 신행이 나태하고 무기력해질 때, 도반의 애정 어린 말 한마디에 힘을 내고, 용맹정진하는 도반의 모습에서 불퇴전의 용기를 내게 됩니다. 그래서 참다운 도반은 우리 곁에 가장 가까이 오신 선지식입니다. '도반 셋이 함께 걸으면 그중에 반드시 나의 스승이 있다'는 가르침의 의미도 바로 이런 뜻일 겁니다.

우리는 매년 열심히 기도하고 수행하며 신실한 불자의 길을 걸어가는 많은 도반들을 만나게 됩니다. 바로 조계종 신행수기 공모를 통해서입니다. 올해로 벌써 6회째를 맞이하지만 수상작들을 대할 때마다 느끼는 환희와 눈물, 그리고 가슴 뭉클한 감동은 해를 거듭할수록 더 진해집니다. 일생을 사는 데 있어 굴곡이 없는 삶이란 있을 수 없을 겁니다. 부처님께서 삶을 고苦라고 하신 이유도 이 때문입니다. 뜻대로 풀리지 않는 인생의 여정이 괴로울 수도 있고, 부모형제, 자식 같은 사랑하는 사람과의 갑작스런 이별로 고통을 받기도 합니다. 누구도 비껴갈 수 없는 일들입니다. 그러나 신행수기에 참여한 사람들은 이런 시련에 굴하지 않고 부처님의 가르침을 통해 지혜의 눈을 뜨고, 고통의 우물에서 오히려 감로수를 길어 올린 사람들입니다. 신행수기를 통해 부처님의 가르침이 박제화 된 경전 속 이야기들이 아니라 삶 속에서, 생활 속에서 아름다운 연꽃처럼 피어나는 현장을 보게 됩니다. 어떻게 사는 것이 참다운 불자의 삶인지, 생활 속에서 어떻게 기도하고 수행하며 보살의 삶을 살아갈 수 있을지 각자의 체험을 통해 명징하게 보여주고 있습니다.

죽음을 앞두고 괴로워하는 남편에게 집착을 툭 놓아버리라 조언하는 아내의 모습에서, 몸에 찾아온 각종 병고를 기도를 통해 극복하는 장면에서, 또 심장이식을 받고 새롭게 얻은 삶을 오로지 보살행으로 회향하는 삶의 여정에서 참다운 불자의 길을 만납니다.

부처님께서 깨달음의 길을 제시했다면 신행수기 당선자들은 불법의 바다에서 길을 잃은 우리에게 등불을 켜 길을 밝혀주는 도반이며 앞서 걷고 있는 선지식입니다.

신행수기 공모에 동참해주신 수많은 불자님들, 그리고 조계종 총무원장 원행 스님과 포교원장 지홍 스님, 중앙신도회 이기흥 회장님, 불교방송 선상신 사장님, 후원 사찰에 특별히 감사의 말씀을 드립니다. 앞으로도 법보신문은 신행수기 공모를 통해 새로운 신행의 역사를 써내려가는 일에 쉼 없이 정진하겠습니다.

김형규 | 법보신문 대표

진흙에서 핀 연꽃처럼

차례

13

활 만드는 사람은 뿔을 다루고

뱃사공은 배를 다루며

목수는 나무를 다루지만

지혜 있는 사람은 자기 몸을 다스린다

— 법구비유경

1부

지
혜
를

말
하
다

총무원장상

진흙에서 핀
연꽃처럼

———

청정심 이정희

오늘도 어김없이 출근길에 내가 다니고 있는 절 죽림사에 들른다. 죽림사는 도심에 있는 절이지만 대나무와 산으로 둘러 쌓여있어 아늑하고 포교당과 불교대학이 있는 사찰이다. 부처님께 과거 전생부터 지은 죄업을 참회하는 백팔배를 올리고, 법당 주변을 쓸고 닦으면서 청소한다. 내 마음도 함께 닦아지길 서원하면서 상쾌한 마음으로 출근!

회사 구내식당에서 직원들의 식사를 담당하는 조리사 일을 하고 있다. 야채를 다듬고, 썰고 조리를 하면서도 부처님께 공양을 올린다는 그 마음으로 성심성의를 다하여 음식을 준비한다. 직원 분들이 점심시간에 설레는 마음으로 오시는 모습이 좋아서 나는 이 일에 자부심을 가진다. 한 분 한 분 맛있게 드시는 모습을 보는 것만으로 행복하다.

불교와 인연을 맺게 된 계기는 칠남매의 막내였던 남동생이 출가하면서부터다. 막내는 대학 시절 불자회에서 열심히 활동했고, 신심이 돈독했다. 결혼도 했었는데 이혼까지 하면서 출가를 결심했다. 다행히 자식은 없었지만, 부모님과 형제의 반대와 동생 댁의 눈물 겨운 만류에도 출가의 마음은 흔들리지 않았다. 동생은 어릴 때부터 영리하고 똑똑했다. 나머지 형제는 중학교 졸업이 전부였지만 부모님은 막내에게만은 각별해서 초등학교 4학년 때부터 대구로 전학해서 공부를 시키셨다. 우리 가정의 희망이었다. 막내는 무난히 대학도 졸업하고 결혼도 하고 평범한 직장인으로 살았다. 그러다가 IMF가 오면서 실직을 했다. 삶의 회의를 느꼈던 것 같다. 부모님은 동생의 출가로 상실감이 크셨다.

선방에서 20안거를 성만하시고, 프랑스 플럼빌리지에서 안거를 나던 도중이었다. 건강이 안 좋아져서 급히 귀국을 했고 병원에 입원한 지 20일이 채 못 되어 스님은 깨달음의 구도를 멈추고 원적에 드셨다.

어릴 적부터 끔찍이 우애가 좋았던 나는 형언할 수 없는 슬픔에 휘청였다. '죽음이 무엇이고, 살아있는 것은 무엇인가? 보내는 사람과 남아있는 사람의 고통…… 삶이란 대체 무엇일까?' 상념은 끊이지 않고 무기력한 나날이 이어졌다. 얼마 후 스님이 플럼빌리지에서 포행 도중 쓰러지셨을 때 도움을 주셨던 분들이 계셨다기에 딸아이의 도움을 받아 감사 편지를 보냈다. 플럼빌리지에서 회신이 왔다. 많은 분들이 걱정했는데 무척 안타깝다는 말과 함께 스님이 안거에 드셨던 분들과 찍은 사진을 보내왔다. 서양 스님들 사이로 환하게 웃고 계시는 스님 모습을 뵈니 다시 만난 것처럼 반갑게 느껴졌다. 문득 스님이 어떤 공부를 하셨는지, 참선이 무엇이고 화두가 무엇인지 궁금해졌다. 그래서 서점에서 책을 사서 보기 시작했다. 책을 읽는 도중 눈에 들어오는 글자! '마음 관찰하기', '알아차림'. 전율이 일었다.

평소에 내 생활은 생각나는 대로 말하고 행동하고, 상대방의 말과 행동이 마음에 들지 않으면 화내고, 남을 원망하고 미워했다. 그렇게 살아왔는데 마음을 관찰할 수 있다니 신기하기만 했다. 그렇게 나의 공부는 시작됐다. 포항에서 1시간 걸리는 보경사에서 기초 교리 강의를 한다기에 배우러 다녔다. 참선반에도 들어갔다. 퇴근하고 공부 시간을 맞추기 위해 운전을 하면서도 '마음이 바쁜가, 몸이 바쁜가' 수없이 되뇌며 다녔던 그때가 초발심의 시작이었던 것 같다.

다섯 살 아버지

어릴 적 우리 집은 가난했다. 아버지는 소를 팔고 사는 중개 역할을 하는 분으로 각 장날마다 우시장에 다니셨다. 집안일에 농사일은 모두 어머니 몫이었다. 밭이 많아서 어머니는 아침부터 저녁까지 밭일에 매달리셨다. 술을 좋아하던 아버지는 저녁이면 거나하게 취해서 누군지 모를 분들과 세상을 향한 분노심으로 큰소리가 나지 않는 날이 없었다. 동네 사람들과 시비가 붙었고, 오빠의 역할은 아버지를 집으로 모시고 오는 거였다. 늘 불안했고, 두려움으로 살았다. 어머니는 그야말로 현모양처였다. 자식들에게 큰소리 내신 적도 없고, 아버지를 원망하신 적도 없었다. 밤에 자고 있던 우리를 깨워 술심부름을 시키기도 하셨다. 동생과 나는 그 어두운 밤길을 주전자를 들고, 손을 꼭 잡고 다녔던 기억이 난다. 어머니는 술을 좋아하는 아버지를 위해서 집에 개를 몇 마리 기르셨다. 학교를 파하고 집에 오면 아침에 꼬리를 흔들며 배웅해주던 개가 어느 날은 솥에 들어가 삶아지고 있었다. 어떤 때는 감나무에 개를 매달아 놓고 잡고 있는 아버지 옆에서 심부름을 하기도 했다. 훗날 이야기지만 시댁에서 시아버님이 편찮으셔서 개를 한 번 잡은 적이 있었다. 그때 나도 모르게 칼로 껍질을 벗기고 있는 걸 깨닫고는 습이 얼마나 무서운지 깜짝 놀랐다. 가난한 살림에 보신용으로 희생되었던 동물들, 시대의 아픔이다.

어머니를 힘들게 했던 아버지에 대한 원망은 자라면서 내 마음의 상처가 되었다. 분노를 잘 조절할 수 없었고, 쉽게 넘어갈 일에도 적개심이 솟구쳤다. 모든 것을 부정적으로 보는 습관이 있었다. 모난 성격으로 회사 생활에서도 갈등이 많았다. 결혼을 하고 아이 셋을 낳았다. 말단 공무원이었던 남편도 술 좋아하고, 친구 좋아해서 집안일보다 나다니는 걸 더 즐겼다. 어머니 유전자 탓에 나는 가난이 싫어서, 아이들 떳떳이 공부시키고 싶어서 식당에서 하루 12시간

죽도록 일만 했다. 종교에도 관심이 없었고, 내 자신을 돌볼 여유도 없었다. 오로지 아이들 잘 먹이고, 공부시키겠다는 마음뿐이었다.

다행히 아이들은 빗나가는 일 없이 잘 자라주었다. 불교 공부를 시작하면서 틱낫한 스님의 책을 읽은 적이 있다. 아버지를 이해하기 위해서는 다섯 살 아버지를 만나보라고 했다. 나는 조용히 명상해보았다. 열다섯 식구가 가난과 굶주림으로 산으로, 들로, 밭으로 모두 나가고 혼자 남겨졌을 다섯 살 아가…… 얼마나 외롭고 두려웠을까…… 배고픔과 무관심 속에 살아남기 위하여 처절했을 몸짓을 보았다. 두 눈에서 눈물이 흘러내렸다. 아버지에 대한 뜨거운 회한이 밀려왔다. 술을 드시지 않은 아버지는 인심이 좋아 집 앞을 지나가는 사람을 불러 술 한잔 권하고, 집에 오는 사람은 그냥 보내지 않으셨다. 우리 어릴 때는 동네를 다니며 물건을 팔다가 해가 지면 신세를 지는 분들이 많았는데 장에 갔다 오실 때면 우리 집에 모시고 와 하룻밤 주무시게 하고, 대접도 잘 해서 보내셨다. 어머니가 힘들었겠지만 별 내색을 하지 않으셨다.

이제 두 분은 세상에 계시지 않는다. 잘 해드리지 못한 죄책감과 한 번도 어머니와 마음을 터놓고 이야기 해보지 못한 후회, 일을 너무 많이 해서 손마디 마디가 관절염으로 뒤틀린 그 손을 따뜻하게 잡아드리지 못한 미안함, 약주를 좋아하는 아버지께 술 한 잔 권해드리지 못한 옹졸함이 나를 아프게 한다. 바늘구멍보다 작던 내 소견이 참선과 기도를 하면서 조금씩 넓혀졌다.

건강검진에서 남편에게 암이 발견됐다. 청천벽력이었다. 남편의 암 진단은 우리 가정의 모든 것을 멈추게 했다. 다니던 직장도 그만두고, 가정의 웃음도 사라졌다. 두 번의 수술과 힘든 항암치료가 이어졌다. 여러 장기로 암은 퍼져나갔지만, 남편은 죽음을 받아들이지 못했다. 육체적 고통보다 이제 죽음이 눈앞에 있다는 정신적 고통으로 잠을 이루지 못하였다. 나는 새벽기도를 다니면서 남편을 살려달라고 부처님께 매달렸다. 죽음의 그림자가 드리워진 두려움의 눈빛을 보면서 내 가슴은 무너져내렸다. 내가 진정 남편을 위하는 일은 무엇일까? 그 어떤 현대의학으로도 치료될 수 없는 말기암 환자에게 무슨 말을 해줄 수 있을까? 환자가 받아들일 수 없는 말 한마디가 마음의 상처가 되어 더 큰 분노심과 좌절이 될 수 있기에 가족들도 행동과 말에 무척 조심했다. 며칠을 고민하다가 용기를 내었다. 나는 남편의 손을 꼭 잡았다.

"여보, 한번 놓아보세요. 팽팽하게 잡아당겨져 있는 고무줄, 가슴이 조마조마하고 무서웠던 그 줄이 손에서 놓는 순간 긴장되고 불안했던 마음이 사라지는 것처럼, 당신이 잡고 있는 삶에 대한 애착을 한번 탁 놓아보세요."

남편의 눈빛이 흔들렸다. 아무 말이 없었다. 많은 생각에 잠긴 것 같았다. 며칠이 지나자 남편의 표정에서 평온함이 느껴졌다. 수시로

《금강경》도 들려주었더니 얼마 지나지 않아 스스로 《금강경》을 듣고 계셨다. 그렇게 10개월의 투병 생활을 뒤로 한 채 벚꽃이 흐드러지게 만발한 봄날, 남편은 꽃바람을 타고 흰 구름 따라 사랑하는 가족들 곁을 떠나셨다.

31년을 같이 살았다. 미운 정, 고운 정, 기쁨도 슬픔도 함께 나누는 동반자였다. 아이들을 키우고 살 때는 소중함을 몰랐다. 늘 옆에 있을 줄 알았다. 투병 생활을 하며 같이 했던 시간들, 우리는 한마음으로 아팠고 애틋했다. 남편의 인간적인 면을 보았고, 여리고 나약함에 울었다. 꿈처럼 환영처럼 함께했던 31년의 시간은 행복했다. 사십구재를 지내는 동안 하루도 빠짐없이 절에 가서 기도하면서 마음을 추슬러나갔다. 그러면서 자연스럽게 법당 청소도 하고, 절 주변을 청소하게 되었는데 남편이 떠난 지 4년이 된 지금까지 이어지고 있다.

노력 없는 깨달음은 없다

부처님 법을 만나지 못했다면 과연 나는 어떤 삶을 살고 있을까? 주위 사람들이 말한다. 고생도 많이 했으니 이제 재미있게 살라고. 그러면 나는 묻는다. 어떻게 사는 것이 재미있게 사는 것이냐고. 그러면 대부분의 답이 그렇다. 맛있는 것 많이 먹고, 좋은 데 구경 다니고, 하고 싶은 것하고 그런 거란다. 그것이 정답인지도 모를 일이다. 자식 낳고 정신없이 살았다. 이제 아이들도 자리 잡아 잘살고 있으니 이제껏 하지 못한 취미생활도 살려 60세가 가까워져 오는 나이에 동양화에 도전해서 배우고 있다. 기법도 배우고, 채색도 하고 모르는 것을 알아간다는 건 신나고 재미있다. 그림이 완성되어 가족들에게 사진을 찍어 보내주면 아이들이 일취월장했다고 붕 띄운다. 그래도 기분은 좋다.

2년 과정의 불교대학도 졸업했다. 부처님의 가르침을 배우고 불교를 올바르게 이해하기 위해서는 필수과정이라고 본다. 참불자로서 한 걸음 더 나아갈 수 있는 길이다. 불교대학을 졸업하면서 좋은 점은 도반이 많이 생긴 것이다. 템플스테이도 가고, 성지 순례도 다닌다. 한 달에 한 번씩 정기 법회도 하고, 교리 공부도 하면서 부처님 법을 공유할 수 있어서 참 좋다. 또 주지스님께 허락을 받아 1년 전 시민선방을 만들었다. 일주일에 4일은 퇴근하고 난 뒤 2시간씩 참선을 한다. 스님의 지도로 청규도 만들고, 죽비 소리에 맞추어 좌복 위에 앉는다. 하루의 고단함을 내려놓고, 번뇌와 망상으로 보이지 않는 참나를 찾아 열심히 정진한다. 참선이 힘들고 잘 되지는 않는다. 그래도 함께하는 도반들이 계셔서 힘을 얻는다.

스님께서 천 번 만 번 헛노력 없는 깨달음은 없다고 하셨다. 참선을 하면서 나에게 변화를 느꼈다. 예전에 그냥 흘려보냈을 지저귀는 새들의 소리, 물소리, 스치는 바람 소리에 귀를 기울일 수 있게 되었다. 풀 한 포기, 나무 한 그루, 아름다운 꽃에 감사할 줄도 알게 되었다. 모두가 감사하지 않은 것이 없다.

한 발짝 물러서서 나를 바라본다. 해야 할 말, 하지 말아야 될 언행들, 내면의 나를 볼 수 있는 것도 조금씩 변화돼가는 내 모습이다. 밖으로 향하는 마음을 내 안으로 돌리고 미워하고 원망하는 마음, 화내는 마음을 조용히 바라본다. 이 마음이 어디서 왔는가……수없이 묻고 묻는다. 잠자리에 들기 전, 〈신묘장구대다라니〉 21독을 하고 《금강경》을 독송한다. 하루하루 내게 주어진 시간에 최선을 다한다. 누군가에게는 마지막이 될 소중한 하루, 그 시간을 무의미하게 보내고 싶지 않다. 그렇게 당당하고 건강했던 남편이 생로병사의 죽음 앞에 무너져 내리는 것을 보면서, 동생 스님이 죽음을 앞두고 화두를 챙기면서 얼굴에 편안한 미소를 띄웠던 모습을 보면서 내가 어떻게 살아가야 하는지를 깨달았다. 내게 죽음이 찾아왔을 때 두려움 없이 받아들일 수 있도록 마음이 자유자재 할 수 있을 때까지 열심히 정진할 것이다. 나를 바꾸어가는 길, 마음을 닦아가는 공부가 최상의 행복에 이르리라는 걸 오롯이 믿는다.

아무것도 내세울 것 없고 보잘것없는 내가 백천만겁 지나도 만나기 어려운 불법을 만났으니 내 이제 보고 듣고 받아지녀 부처님의 진실한 뜻 알아지이다.

포교원장상

어머니 보살님

—

대지 최옥란

태어나서부터 나는 고국인 대한민국에 오기 전까지 한 번도 사찰을 방문해본 적도, 가사를 입은 스님들을 만난 적도 없는 그야말로 불법의 불모지에서 살아온 중생이었다. 비록 육조혜능대사의 가르침을 바탕으로 선종의 오가칠종이 꽃을 피운 중국에서 태어나서 자랐지만 내가 태어난 연변이란 곳은 조선족 교포들이 모여 사는 변방의 산촌으로 변변한 사찰 하나 없었던 곳이었다. 근래에 와서야 불법을 전하려고 만주 땅에 가셨던 수월 스님의 불법 정신을 기리기 위해 내 고향에도 화엄사라는 사찰이 지어졌고 지역마다 한두 개씩 절이 생겨나고 있긴 하지만 아직도 조선족 교포들에게 불교는 낯선 종교이고 일상의 삶과 동떨어진 그 어떤 신비하고 영험한 기운의 집합체라는 정도의 인식에 불과하다.

　박사학위를 받아 대학교수가 되면 앞날에 탄탄대로가 펼쳐지리라는 오로지 그 목표, 막연한 출세의식에만 젖어 시작한 유학생활이었지만 나는 고국인 이곳 대한민국에서 부처님을 만났다.

어찌 보면 도망치듯 온 유학이었다. 중국 속담에 어느 집에나 말 못 할 고통이 있다는 뜻인 '집집마다 풀이하기 힘든 경전이 있다(家家都有 念的經)'는 말이 있듯이, 나는 정신분열증의 일종인 피해망상증에 심하게 시달리는 어머니 때문에 큰 고통을 받으면서 살아왔다. 내가 어려서부터 어머니는 당신의 딸이 암세포의 침습을 받아 오래 살지 못하고 곧 죽게 된다는 망상에 빠져 한 달에도 몇 번이고 나를 큰 병원에 데리고 갔다. 정밀검사를 받으면서 피를 뽑는 고통에 시달려야 했다. 이 세상에 대한 나의 첫 기억은 죽어가는 딸을 구한다고 한겨울에 나를 업고 집 문을 나서려던 어머니의 모습과 "저 미친년이 애 하나 잡겠다"며 필사적으로 말리던 외할머니의 싸움이었다. 그 어린 나이에도 뭔가 내가 이 집의 고통의 씨앗이 된 것 같은 생각에 괴로워 애꿎은 손톱을 피가 나도록 잘근잘근 물어뜯었던 기억이 생생하다.

어머니의 집착은 내가 초등학교에 들어가면서부터 미행으로까지 이어졌고, 급기야 나를 해치려고 하는 마구니들이 득실댄다는 병적인 광기를 부리는 지경까지 이르렀다. 그때 어린 나는 엄마 제발 정신 좀 차리라고 울고 불며 매달려보고 왜 이 고통스런 세상에 태어나게 했는지 원망하는 일밖에 달리 할 수 있는 것이 없었다. 정신병자하고는 도저히 살 수 없다며 맨날 어머니를 구타하던 아버지는 끝내 이혼을 하고 집을 나가셨다.

정신병원에 여러 차례 입원을 시켜봤지만 정신적 장애인들에 대한 인권의식이 부족한 그곳에서 함부로 환자들을 대한다는 것을 알고는 마음이 약해져 다시 집으로 데려오기를 반복했다. 그때 내 마음은 온통 분노와 삐딱함으로 가득 차 있었다. 온몸의 기운이 빠져나간다는 느낌이 어떤 것인지 제대로 경험했고 왜 나한테만 지옥고에 시달리는 고통을 주냐며 하나님이든, 부처님이든 원망만 하면서 살아왔다.

그러던 어머니 증상이 극에 달한 것은 내가 대학원 공부를 시작한 뒤부터였다. 어머니는 급기야 딸이 건장한 남자들한테 능욕을 당하고 있다는 망상에 빠져 검은색 승용차만 보면 딸을 해치러 오는 거라고 착각해 눈에 독기를 품고 차를 향해 돌진했다. 급기야 나는 실성을 하게 되었고 어머니한테 "콱 죽어버렸으면 좋겠다"는 입에 담아서는 안 될 욕설을 퍼부으며 아픈 어머니와 자신의 가슴에 큰 대못을 박는 구업을 짓기까지 했다.

숨통을 조여오는 옥죄임에서 도저히 벗어날 길이 없었던 나는 도망치듯 한국 유학길에 올랐다. 눈에서 멀어지면 조금이나마 해방될 수 있지 않을까 하는 생각에 어머니와의 모든 소통을 단절해버린 채 독하게 살려고 결심했다.

종교나 한번 가져볼까

세상과 어머니와 벽을 쌓고 공부에만 매진하던 나에게 또 다른 시런이 찾아왔다. 유학 생활을 하는 도중 자궁내막증식증에 걸려 한 차례 수술을 받게 되었고 급기야 2년 뒤에는 자궁경부암 1기 판정을 받았다. 설상가상으로 분노로 똘똘 뭉친 내 가슴의 한이 응어리가 되어 다시 자신을 후려치면서 우울증에 걸려 3년간 정신분석 상담을 받기에 이르렀다. 너무 오랜 시간동안 자신의 마음의 소리에 귀를 기울이지 않았기 때문에 온 병이 인과응보라는 사실을 그때는 미처 느끼지 못했다.

살려고 시작했던 정신분석 상담 과정에서 반복적으로 되풀이해 나타나는 꿈이 있었다. 그 꿈은 불법을 만난 나중에 내가 이생에 풀어야 할 숙제의 실마리를 제시해주는 근거가 되었다. 어느 초라한 남성이 힘없는 여성의 머리를 쓰레기통에 틀어박고 때리는 꿈이었다. 그때는 어려서부터 어머니를 구타하는 아버지의 모습이 트라우마로 남아서 나타나는 꿈이라고만 생각했었다.

그렇게 독기를 품고 살아왔던 내가 부처님 정법을 만난 것은 2016년 9월이었다. 고향에 계시는 어머니가 결국 큰 사고를 저지르고 말았다. 딸을 구하려는 일에는 어머니가 목숨을 걸고 나선다는 것을 알고 사기꾼들이 우리 집을 팔아넘겨 돈을 챙겨 도망간 것이다. 그들은 얼마 안 되는 어머니의 퇴직금 통장마저 앗아갔다. 연변인민법원에서 걸려온 전화를 받고 뒷수습을 하기 위해 미움과 한이 서려있는 고향에 갔다. 8개월 정도 긴긴 법정 싸움이 이어졌다. 결국 온몸의 에너지가 모조리 빠진 상태로 나는 한국에 돌아왔다. 아무리 애를 써도 어머니의 굴레에서 벗어날 수가 없다는 생각에 이것이 운명인가 하는 운명론에도 빠졌다.

그러던 어느 날, 열심히 수행을 하면 복을 쌓을 수 있다는 지인의 소개로 불교를 접하게 되었다. 기도한다고 모든 게 다 좋아질 수 있을까 하는 부정적인 생각이 꽉 차 있었지만 그때는 정말 지푸라기라도 잡고 싶은 심정이었다. 지인 분은 태국에서 제8회 세계청년불교심포지엄이 열리는데 한국에서 22년 동안 폐관수행을 하신 미륵사 정각 스님이 북방불교 대표로 '불교의 평화관'에 대한 법문을 하신다고 했다. 그러면서 참석자 대부분이 중국인이라 현장에서 순차통역을 맡아줄 수 있는지 부탁해왔다. 마음이 피폐하던 찰나에 그렇게 종교나 한번 가져볼까 하는 얕은 생각으로 불교를 접하게 되었다.

동시통역 경험을 많이 쌓아서 나름 이 분야에는 일가견이 있는 편이었지만 불교 통역은 또 다른 영역이었다. 세상의 모든 일에는 우연이 없다고 지금 돌이켜보면 불교 통역을 시작한 것도, 또 이를 계기로 스승님이신 정각 스님을 만나게 된 것도 인연법에 따른 이치겠지만, 그때 6개월간 불교 통역 트레이닝을 받고 경전과 생활불교 서적에 대한 중국어와 한국어 판본 두 개를 비교하면서 시작했던 불교 공부는 비로소 나를 정법으로 인도하였다.

무엇보다 이런 말법시대에 22년 동안 폐관수행을 하고 나오셨다는 정각 스님이 궁금해졌다. 또 실타래같이 엉켜버린 나의 마음을 정화해줄 스승님을 만날 것 같은 기대감에 처음으로 한 줄기 서광을 본 것 같았다. 정갈하고 근엄하면서도 자애로웠다. 정각 스님과의 첫 인연이었다.

심포지엄에서 스님을 만난 첫 날 저녁 나는 자석에라도 이끌린 듯 스님의 방을 노크하고 찾아갔다. 후광이 비친다는 느낌이 이런 것이구나 하는 느낌을 처음 받았다. 무엇보다도 내 앞에 자비로운 미소를 짓고 계시는 그분께는 모든 이야기를 털어놓을 수 있을 것만 같았다. 나는 어머니와의 풀리지 않는 인연법이 궁금해서 처음 뵌 스님 앞에서 무릎을 꿇고 흘러내리는 눈물을 주체하지 못한 채 법문을 청했다.

"자고로 스승들은 제자들의 미혹된 점을 일깨워주기 위해 스스로 허물을 뒤집어쓰지. 어머니는 옛날부터 자네에게 큰 가르침을 주셨던 스승일세. 지금 생에도 마찬가지고. 번뇌의 씨앗을 보리의 씨앗으로 승화시키게. 어머니는 아주 수승한 영혼의 소유자일세."

뭔가 가슴이 꺽 막혀오는 묘한 감정이 들어 오열을 하였다. 아, 어머니는 나의 스승이었다니. 불편하다고만 느꼈고 내 발목을 잡는 존재라고만 생각해서 그 굴레에서 벗어나려고만 생각했지, 진정으로 어머니의 영혼의 소리에 귀를 기울인 적이 없었다. 다른 사람들이 미쳤다고 삿대질을 해도 당신의 머릿속에는 상상하고 있는 모든 것들이 현실로 다가왔을 텐데, 얼마나 두렵고 매 순간 억장이 무너지는 시간이었을까!

그렇게 정각 스님과의 인연이 시작되었다. 자주 스님을 찾아뵙고 가르침을 받고 법문을 들었다. 그리고 처음으로 머리 굴리지 않고 스승님이 주는 가르침 그대로 행해보려고 노력했다. 간절히 참회하고 기도하는 마음으로 염주 하나하나에 영혼을 실어 한 달에 한 번씩 삼천배에 도전했고 아침마다 어머니를 위한 백팔배를 시작하며 진심으로 참회를 하였다. "감사합니다 어머니, 참회합니다. 이 딸이 어리석어 눈이 있었지만 어머니의 영혼을 보지 못했고, 귀가 있었지만 당신의 영혼의 소리를 듣지 못했습니다. 부디 다음 생에도 당신의 딸로 태어나고 싶습니다. 그때는 당신의 영혼을 바로 알아볼 수 있는 지혜로운 딸이고 싶습니다."

꿈과 현실이 둘이 아니다

백팔배를 매일 하다보면 어머니가 좋아지겠지 하는 얄팍한 기대를 품고 시작한 게 아니었다. 진정으로 어머님께, 그리고 자신의 영혼에 참회하는 마음으로 무릎을 굽혔다. 그렇게 백팔배를 시작하고 매일 경전 공부를 하고 정진을 하던 어느 날, 명상을 하려고 눈을 감았는데 갑자기 눈물이 왈칵 쏟아졌다. 정신분석 상담을 받을 때 반복적으로 꿈에 나타났던 그 남성이 갑자기 떠올랐다. 힘 없는 여성을 구타하던 그 남성의 모습이 아주 오래전의 나였다는 생각이 들었다. 그리고 구부정한 모습으로 매를 맞던 여성은 전생의 나의 스승이자 지금의 어머니로 인연을 맺은 최인자 보살이라는 생각이 들었다. 분명했다. 모든 꿈의 내용들이 하나로 합쳐지는 느낌이 들었고 막혔던 골물이 터지듯 뭔가 가슴이 뻥 뚫리는 느낌이 들었다. 쓰레기통에 힘없는 여인을 틀어박고 구타를 하던 남성의 광기와 오만함과 안하무인은 전생의 나의 모습이 분명했다. 아, 아, 전생에 내가 자만에 빠져 힘없이 늙고 초라한 모습의 스승을 이렇게 학대를 했구나. 이 죄를 어찌하면 좋을까! 영혼의 저 밑자락에서부터 왈칵 치밀어 오르는 눈물이 두 뺨을 타고 주르륵 흘러내렸다. 나는 꺼이 꺼이 눈물을 흘리며 이른 새벽 정각 스님께 전화를 드렸다.

"이제 뭔가 제대로 알아가는 것 같구려. 꿈과 현실이 둘이 아니라오. 묵은 숙제를 풀면 찬란한 광명의 지혜가 나타날 것일세. 부디 그대의 영혼을 소중히 여기시오."

스님께서는 내가 이번 생에 어머니의 영혼을 구해줘야 하는 서원을 세우고 왔다며 이제부터는 적당한 방편으로 어머니께 법문을 해주라고 숙제를 내주셨다. 어머니의 참나는 알아들을 터이니 진심으로 영혼과 영혼의 대화라고 생각하고 마음을 열어보라고 하셨다.

나는 스승님의 가르침을 명심하고 매일 어머니께 전화를 드렸다. 불교, 죽음, 영혼이라는 말을 하면 거부감이 들 수 있으니 "엄마, 여기서 어떤 스님을 만났는데 아니 글쎄 그분이 저 120세까지 무병장수한대요. 하하!" 그런 방편을 써가면서 어머니와 대화를 이어나갔다. "뭘 뚱딴지같은 소리냐" 하실 때도 많았지만 무엇보다 어머니는 딸과의 통화시간을 즐거워하셨다. 또 다른 날은 "사람들은 죽음을 두려워하는데 사실 옷을 바꿔 입듯이 죽음 후에도 또 다른 모습으로 이 세상에 온대요. 또 육신은 소멸되지만 영원히 죽지 않는 오롯한 존재가 있다고 하니 어머니 걱정마세요" 하면서 좀 더 깊은 대화도 시도해보았다.

기적이 발생했다. 2019년 나는 중국에 계시는 어머니를 모셔와 미륵사에서 정각 스님과 함께 구정을 보내며 한 달 가까이 머물렀다. 딸을 구한다며 그나마 쥐고 있던 8천 위안, 한국 돈으로 150만 원가량을 탈탈 털어가지고 인천행 비행기에 올랐던 어머니는 딸에 대한 집착에서 벗어나 몸도 마음도 건강한 모습으로 고향에 돌아가셨다. 선종의 종지는 불립문자, 언어도단이라고 했거늘 이걸 어떻게 말로 설명할 수 있으랴. 이 딸이 늦게나마 정진하여 묵은 숙제를 완성하고 실타래를 풀게 되니 어머니의 영혼도 찬란한 광명을 보게 되었다.

어머니는 고향 주변인들이 깜짝 놀랄 정도로 변하셨다. 무명이 벗겨지고 눈 밝은 명안존자로 다시 태어나신 것이다. 구름 뒤에 가려져 있던 밝은 달이 구름이 걷히니 진면목을 드러냈다. 어머니는 매일 스님이 내주신 〈관세음보살보문품〉 3회 독송을 열심히 하며 등산도 다니고 다리 운동 삼아 아침마다 백팔배를 시작하셨다. "우리 딸을 살려주십시오"라는 기도에서 "저에게 세상을 헤쳐 나갈 수 있는 힘과 용기를 주십시오"라는 기도로 제목도 바뀌었다. 정각 스님의 가르침대로 외부세계에서 부처를 찾으려고 하지 않고 오로지 스스로 자신을 등불로 삼고 자성불에 귀의해서 그 무엇에도 집착하지 않고 티끌의 구함도 없으려고 노력했다. 비록 불법을 만난 시간은 오래되지 않았지만 진심으로 구하고 정진했다. 이 세상에 부처님은 오로지 한 분인 줄로만 알았는데 처처에 부처 아니 계신 곳이 없었고 나는 매일매일 수많은 부처님을 만나고 있었다. 그리고 어머니는 내 가장 가까운 곳에서 중생의 탈을 쓰고 나의 어리석은 미망을 열어주기 위한 제불보살의 화현이었음을 알아차리게 되었다.

자성불은 마치 정각 스님이 계시는 미륵사에 가면 마주하게 되는 만다라와도 같은 것이다. 만다라는 불성을 담는 그릇일 뿐, 우리 모두가 자신의 만다라의 주불主佛이다. 만다라의 중심은 부처님이다. 천백억 화신으로 구현된 부처님 말이다. 그래서 우리 모두는 부처이다. 자성불이 곧 만다라이거늘. 만다라는 궁극적으로 도달해야 할 세계이기도 하지만 지금 현재 구성되어 있는 세계이기도 하다. 만다라는 화가들의 전유물도 아닌, 부처님이 그려놓은 유토피아도 아닌 우리 모두가 그릴 수 있는 세계이다. 오늘도 나는 우주최강 화가가 되어 만다라를 그린다. 나의 고국 대한민국에서 나는 부처님을 만났다.

바
라
밀
상

부처님 인연으로
살다

청정지 손미순

내가 아홉 살 때 우리 가족은 산골에서 작은 농촌으로 이사를 하게
되었다. 어느 날 엄마는 시름시름 앓더니 아예 누워만 계셨다. 아빠
와 큰오빠 남의 집 머슴으로, 큰언니는 공장으로 가게 되었다. 아빠
의 꼼꼼하고 성실한 성격이 동네에 알려지면서 여기저기서 아빠를
찾는 곳이 많았다. 엄마 돌보랴 집안일 하시랴 몸이 열 개라도 모자
랄 아빠는 너무 힘들어 보였다. 철없던 나는 집안일이 하기 싫어서
창고에 있을 때가 많았고 학교생활 적응도 쉽지 않았다. 엄마는 약
을 드셔도 나아지질 않으셨다. 어느 날 아빠는 점을 보고 오더니 이
사를 잘못해서 엄마가 아프다고 하셨다. 그래서 우리 가족은 또다
시 이사를 했다. 낯선 곳에서 낯선 곳으로, 그곳에서도 생활은 어려
웠다. 아빠와 작은 오빠는 낮이고 밤이고 가마니를 짰고 작은 언니
와 나는 가마니 매듭 짓는 일을 했다. 손이 트고 피가 나도록 했다.
아빠는 쇠바늘로 가마니를 꿰매고 시장에 내다팔아서 살림을 꾸려

나갔다. 작은 언니와 나는 밥을 해먹고 학교에 가야만 했다.

지옥과도 같았다. 꾀병을 부리느라 언니가 깨우면 자는 척을 했다. 언니도 마찬가지였다. 그곳에서도 아빠의 성실함은 유명했고 남의 집 일을 해준 대가로 어쩌다 쌀을 조금 받아오면 엄마 밥에만 올렸다. 나는 속으로 좋아라 하며 엄마가 남긴 쌀밥을 몰래 먹곤 했다. 엄마의 아픔보단 쌀밥이 더 간절했다. 아빤 사방팔방으로 엄마 치료에 힘썼지만 소용없었다. 어느 날은 교회에서 엄마 얘기를 듣고 집에 오셔서 교회를 다닐 것을 권유했다. 그래서 우리 가족은 열심히 교회를 다녔다. 아빠는 매일 새벽에 일어나 세수를 깨끗이 하고 엄마 옆에서 눈물로 기도하셨다.

이른 새벽, 나도 모르게 잠이 깼다. "하느님 우리 마누라 좀 살려 주십시오. 살려만 주신다면 무엇이든 다 하겠습니다." 나는 숨소리도 내질 못했다. 처절한 아빠의 기도 소리였다. 아니 차라리 울부짖음이었다. 지성이면 감천이라고 했는데 아빠의 기도는 하늘에 닿질 못했다. 실의에 빠진 아빠는 그 뒤로 교회를 절대 못 다니게 했다. 아빠는 또다시 점쟁이를 찾아가 이번엔 굿을 했다. 수없이 했다. 난 무섭고 창피해서 방 안에만 있었다. 우리 집은 한마디로 동네의 구경거리였다. 하지만 엄마는 낫질 않았다. 엄마를 꼭 살리겠다는 아빠의 간절한 마음은 멀리멀리 퍼져나갔다. 그러던 중 우연히 절에 다녀오신 아빠는 눈빛이 달라보였다. 그 뒤로 큰오빠가 엄마를 모시고 절에 갔다 오더니 좋은 분을 만난 것 같다고 했다.

    그 후로 아빠 엄마를 모시고 자주 절에 다니셨다. 내 기억으로는
아마도 이 시점부터 엄마가 조금씩 활력을 되찾으신 것 같다. 그 전
까지는 항상 핏기 없는 얼굴로 누워 있거나 방에 앉아서 멍하니 밖
만 보고 계셨기 때문이다. 그 뒤로 스님께서는 엄마가 절집에 살면
서 수도생활도 하고 불공도 드리면 완전히 나을 거라고 하셨다. 그
러면서 작은 집을 마련해주셨다.

달콤한 시간

내가 5학년 때 우리 가족은 절집으로 이사를 했다. 스님께서는 방
에 작은 단을 마련해 주시고 작은 부처님, 쌀, 초, 향을 주시며 기도
열심히 하라고 하셨다. 엄마는 항상 새벽에 일어나 몸을 단정히 하
고 정화수를 떠놓고 초를 밝히고 향을 피워 정성으로 부처님께 기
도하셨다. 절에서는 항상 스님의 독경 소리가 들렸다. 내 마음이 편
안해졌다. 엄마는 수시로 법당에 가서 청소도 하고 기도도 드리셨
다. 나도 몇 번 따라갔는데 처음 접한 법당이 무섭고 싸했다. 부처님
과 스님의 보살핌으로 엄마는 활발히 움직이셨다. 기적과도 같은 새
삶을 사시게 되었다.
    절에서는 해수찜이라는 것을 운영했는데, 바닷물을 끌어들여 불
을 때서 물이 데워지면 말린 쑥으로 바닷물을 적셔 몸에 묻히고 찜

을 하는 거였다. 사람들이 많이 오곤 했다. 아빠와 오빠들은 이곳에서 일을 했다. 다 끝나면 또 물을 빼고 청소도 해야 해서 쉽지 않아 보였다. 그리고 옆에 솔잎찜을 하는 작은 굴도 있었는데 그곳 역시 불을 때야 했다. 아빠와 오빠들은 거의 절에서 살다시피 했다. 언니와 나는 시간 날 때마다 솔잎을 따다 주기도 하고 굴 속에 들어가 엄마랑 청소도 하고 손님들 심부름도 했다. 그러면 손님들이 팁도 주곤 했다. 엄마는 손님들 음식 하느라 항상 바쁘셨다. 나는 설거지도 하고 반찬도 나르고 또 손님들이 가시고 나면 방 청소도 했다. 어떤 땐 엄마가 너무 힘들어 보였다. 부처님오신날이 다가올 무렵이면 우리 가족은 연꽃도 만들고 더 분주하게 보냈다. 스님과 보살님께서는 우리 가족을 항상 잘 챙겨주시고 쌀과 음식도 자주 갖다 주셨다. 스님은 밭농사도 지으셨는데 여름 부추는 우리 가족의 유용한 반찬이 되었다.

절집에 살면서 제일 재미있었던 일은 작은 언니랑 스님 가족이 계시는 곳에 가서 TV를 보는 일이었다. 수줍어서 문 밖에 서성이고 있으면 먼저 문을 열어주시며 맛있는 것도 많이 주셨다. 밤에 무서운 프로를 보는 날엔 스님께서 마당에 불도 켜주시고 언니와 난 걸음아 날 살려라 하며 도망치듯 내려오곤 했다. 지금 생각해보면 꿈을 꾼 것 같이 행복한 시간이었다. 하지만 내가 중학교에 다닐 무렵 스님께서는 갑자기 위암으로 돌아가셨다. 너무나 슬펐다. 믿기지가 않았다. 스님의 장례는 절에서 치러졌다. 많은 사람들이 스님 가시는 길을 애도했다.

　우리 가족은 후에 이사를 하게 되었다. 그곳에서도 엄마는 매일같이 정화수를 떠놓고 부처님께 기도하셨다. 형편이 나아져서 조그만 집도 샀다. 행복은 계속될 줄 알았지만 내가 고3때 아빠는 불의의 사고로 세상을 떠났다. 삶은 정말 한 치 앞을 알 수가 없었다. 고생만 하시다가 살만 하니까……. 나에겐 꿈도 희망도 없었다.

나의 기도

엄만 시간 날 때마다 절에 다니셨다. 방생법회를 가시는 날엔 선녀같은 모습으로 좋아하셨다. 나도 가끔 엄마를 따라 절에 가고 집에서는 가끔 엄마랑《천수경》《반야심경》독경 테이프를 들었는데 너무나 마음이 평온하고 향기로웠다. 엄마는 큰오빠 일도 돕고 오직 자식들을 위해서 열심히 기도하셨다. 부처님의 가피로 우리 5남매는 모두 가정을 이루고 열심히 앞만 보고 살았다.

　내가 중년이 되었을 때 엄마는 오빠들의 불미스러운 관계로 인해 큰오빠와 함께 고향으로 내려가셨다. 자식들의 테두리 안에서 지내셨기에 엄마는 하루아침에 뚝 떨어져서 사는 걸 너무 싫어하셨다. 충격에 모든 것을 놔버리고 세상 사람들과 마음의 문까지 닫아버리셨다. 밥도 잘 안 드시고 방에만 계시면서 과대망상이라는 바다에

42

서 나오질 못하셨다. 그런 엄마를 받아주는 게 너무 힘들었다. 나는 서운하기만 했다. 달래도 보고 위로도 해보았지만 엄마의 증상은 수그러들지 않았다. 나도 덩달아 화가 치밀고 엄마가 밉기까지 했다.

어느 날 언니와 함께 엄마를 뵈러 갔다. 급격히 노쇠하고 백발이 된 엄마를 보고 통곡을 하고 말았다. 엄마의 모습이 낯설었다. 상상도 못했었다. 그 후로 문득 문득 엄마의 모습이 나를 괴롭혔다. 맛있는 음식, 좋은 풍광 앞에서 때론 히히덕거릴 때마다 너무 눈물만 나오고 죄스러웠다. 보고 싶고 그립고 불쌍하고 미웠다. 급기야 불면증, 우울증, 이명까지 와서 너무 힘들었다.

어느 날 자석에 이끌리듯 절을 찾아갔다. 엄마를 위해서 뭐라도 하고 싶었다. 기도하는 법도 몰라서 무작정 절을 했다. 하염없이 눈물만 나왔다. 이 일이 주춧돌이 되어서 시간 날 때마다 절을 찾았다. 한 번 한 번 정성을 다해서 절을 했다. 엄마를 위한 등도 달고 조상님 등 우리가족 등도 달았다. 보시도 많이 하고 법회에도 나갔다. 법회 때 듣는 스님 법문은 참회하고 나를 바로 세우는 시간이 되었고 합창단원의 찬불가는 벅찬 감동이었다. 절에 가서 가끔 불기도 닦고 설거지도 했는데 너무 즐거웠다. 절에 다녀온 날엔 꼭 엄마께 전화를 드렸다. "엄마 나 오늘 절에 갔다 왔어, 엄마 기도도 하고……." 엄마는 고맙다며 너무 좋아하셨다. 그리고 절에 열심히 다니라고 당부 말씀도 하셨다. 그 후로 엄마는 밥도 잘 드시고 너무 좋아지셨다. 나는 전화도 자주 드리고 무조건 엄마 말씀을 들어주었다. 시간이 흐른 후 엄마를 있는 그대로 받아들이게 되고 집착과 애착을 내려놓으니 내 마음이 너무 편안해졌다.

엄마를 위한 기도가 나의 기도도 되었던 것이다. 어느새 내 마음 속엔 대자대비하신 부처님이 계셨다. 집에서는 찬불가를 부르고 또 부르고 경전도 읽고 쓰고 외우고 기도는 일상이 되었다.《부모은중경》을 읽을 때는 한량없는 부모님 은혜에 감사해 눈물이 앞을 가렸다. 온몸으로 환희심이 느껴졌다. 온 우주법계가 나를 감싸듯 마음이 충만했다. 어느 순간 나를 괴롭히던 불면증, 우울증, 이명도 없어졌다.

시간이 아까워 내 마음을 스스로 닦달해가며 쫓기듯 살았던 세월이었는데 나를 돌아보게 되고 나를 사랑하게 되고 내 안에서 행복을 찾는 법을 알게 된 후로 모든 게 감사했다. 아, 이런 거였구나! 40년 넘게 부처님을 가슴에 품었던 그 마음을 이제야 깨닫게 되었다. 나는 우리 형제들과 지인들께 법보시도 했고 어려운 일이 있을 때마다 함께 울면서 기도도 했다. 작은 올케 언니는 10년 만에 아기를 낳았고 작은 언니는 28년 만에 집을 샀다. 이 모든 게 부처님의 가피이다. 지인들이 불자가 되어 함께 법회에도 나가고 방생법회, 성지순례도 갔을 때에는 너무나 너무나 기뻤다. 또 부처님께서는 욱하고 급한 남편을 부드럽고 감사한 남편이 되게 해주시고 딸이 많이 아팠을 때 낫게 해주시고 좋은 직장도 얻게 해주셨다. 그리고 아들이 무사히 군 생활을 마칠 수 있게 도와주셨다. 이처럼 부처님께서는 너무나 많은 가피를 내려주셨다.

도반의 권유로 불교방송 애청자가 되었다. 송담 스님의 법문은 온갖 번뇌에서 헤매이던 나를 한 생각 돌이키게 해주었고 나의 마음을 단속하는 시간이 되었다. 원욱 스님의 법문은 내가 다니는 절에 불미스러운 일로 갈등과 번민에 휩싸였을 때 신심을 더 돈독하게 만드는 참불자가 되는 시간이 됐다. 불교방송을 통해 많은 것을 배우고 또 배웠다. 그래서 만공회 회원도 되었다.

내가 불자가 되고 한 가지 안타까운 것은 그 옛날 엄마와 함께 방생법회 한 번 못 간 것이 너무 후회가 된다. 엄마께서 우리 자식들을 위해서 부처님께 정성으로 기도 드렸듯이 나도 내 가족을 위해 부처님께 매일 감사기도 드린다. 먼 훗날, 내 자식들도 꼭 부처님의 인연으로 살았으면 좋겠다. 아니 그렇게 될 거라고 믿는다. 나는 영원토록 부처님을 믿고 따르고 의지하고 찬탄하면서 부처님처럼 살아갈 것을 다짐해본다.

중앙신도회장상

내 삶은
부처님 품안에서

—

금강 김영관

망월사의 추억

어릴 적부터 계절 알레르기 때문에 밖에도 잘 못 나가고 학교도 자
주 빠졌다. 그러다보니 친구도 많은 편이 아니었다. 늘 집에서 동생
아니면 장난감과, 가까이 살고 계시던 할머니 댁에 가 친척형, 누나
와 작은 고모와 시간을 보냈다. 작은 고모가 망월사 절에 처음 데
리고 갔던 걸로 기억이 난다. 꽃가루 알레르기 때문에 자주 갈 수
있었던 것은 아니지만 시기가 끝났을 때는 자유롭게 다녔다.

  그랬었다. 어렸던 나에게 산 끝자락에 있는 망월사는 더 커 보였
고 더 웅장해 보였다. 마냥 모든 것이 신기했고 너무 편안하고 좋았
던 것 같다. 절 밥도 맛있고 스님께서 주시는 다과도 너무 달고 맛
있던 걸로 기억이 난다. 그 어릴 때 좋았던 기억이 가슴에 남아있다.
큰집과 떨어져 이사해 살다보니 나도 모르게 누가 종교가 무엇이냐
고 물어보면 불교라고 얘기하면서도 그냥 말만 불교라고 하면서 염
주만 차고 절에 가는 일은 잊고 살았던 것 같다.

  고등학교 때 텔레비전에서 본 음식 프로가 한순간 요리사라는

47

꿈을 만들어주었다. 될 때까지 한다는 마음으로 도전해 다섯 번째에 한식자격증 시험에 합격했다. 그것으로 힘을 실어 대학의 호텔조리학과로 진학해 공부 뒷계로 잘 놀고 종교적으로는 잊고 살았다. 군대 훈련병 시절에는 교회가 초코파이를 더 준다는 동기들 말에 교회에서 찬송가를 불렀다. 초코파이를 받기 위해 열심히 다녔었다. 부대에 정식으로 배치 받고난 후에는 종교 활동이 어려웠다. 특히 내가 복무하던 자대는 취사병이 3명이었기 때문에 종교 활동에 시간 내기란 불가능했다.

우여곡절도 많아 평탄치 않았던 군 생활 중 휴가를 나와 교통사고로 크게 다쳤다. 국군통합병원에서 치료 받다가 의가사 제대 판정을 받았다. 일반병원으로 옮겨 병원생활만 3년 넘게 했다. 남은 것은 뇌병변장애 판정과 망가진 몸과 마음뿐이었다.

친구들과 술로 허송세월을 보냈다. 그런 가운데도 나를 지켜준 것은 재활을 위해 한 백팔배였다. 처음에는 생각대로 움직이지 않는 몸을 숙여가며 손으로 땅 짚기가 어려워 많이도 고꾸라졌다. 그래도 점점 절하는 회수가 늘어가고 있었다.

법화경이 만들어준 인연

어머니께서 손 재활을 위해 《법화경》 사경을 해보라고 권해주셨다.

처음에는 하는 둥 마는 둥 하며 슬슬 피해 다니고 기도에 집중하지 못했다. 오로지 백팔배만 꾸준히 하고 있었다. 어머니의 끊임없는 설득이 나를 스스로 움직이게끔 꾸준히 사경기도를 하게끔 만들어주셨다. 처음에는 〈관세음보살보문품〉 108번만 써야지 했다가 다 쓰고 회향하고, 《법화경》 사경을 권유받아 세 번 써보자 했는데 1년 동안 모든 일을 대부분 접고 백팔배와 사경기도에 전념했다. 어느덧 열 번째 사경에 이르렀을 때 열 번째는 천안의 구룡사에 가서 회향하자는 생각으로 구룡사에서 생활을 시작했다. 그곳에서 나를 크게 바꿔주신 스님을 만나게 된다. 그분이 범종 스님이시다.

절 생활에 여러 가지를 도와주고 기도하는 법도 알려주며 혼자서는 생각도 못했을 여러 가지를 같이 해주셨다. 말로는 내가 스님을 도와드린 것이라 하지만 누가 봐도 스님이 날 데리고 다니며 도와주신 것이다. 그렇게 절 생활을 하고 있다가 점점 추워지고 절에 큰 기도도 있고 해서 집으로 돌아왔다. 그리고는 다시 어릴 때부터 연을 맺고 살았던 구담 스님 계신 절에 가 일주일 정도 기도했다. 그러다 스님께서 절을 비우는 일이 생겨 집으로 돌아왔다. 집에 돌아와서도 내 기도는 계속되었다. 절하고 사경기도 하고.

지하철을 혼자서 타고 다니며 침 맞으러 서울로 왔다 갔다 했다. 산속 절에서 평화로웠던 그때의 기억으로 힘을 내 열심히 다니며 치료에 집중했다. 나름 열심히 살아가고 있던 중 범종 스님께서 위빠사나 기도처인 호두마을을 소개시켜주었다. 천안 호두마을에 들어가 위빠사나 기도법을 배우고 마음을 가라앉히는 수행에 대해서 도움을 받았다. 사실 머리를 다친 이후로는 잡생각도 많아지고 한 가지에 집중을 못했었는데 천천히 걸으며 산란해진 마음을 가라앉히니 편안해졌다. 마음을 다스리는 법을 조금은 이해한 듯하였다.

추워지면서 거동이 불편해져 다시 집으로 돌아왔다. 그전과 같이 백팔배와 운동을 꾸준히 하던 중 복지관과 군대 후임이었던 친구의 도움으로 직장에 취직을 했다. 지하철 타고 세 정거장 거리로 출퇴근을 시작했다. 처음에는 담당자가 없는 책상 정리로 시작하여 폐지 수거 및 파쇄, 휴게실 이불 빨래를 했다. 1년 조금 넘어갈 무렵부터는 우체국으로 우편 부치는 일을 시작했다. 좀 시간이 지나서는 종이 명함을 만들어 볼 기회가 생겨 주문 들어오는 분량을 만들어 인쇄, 절단, 포장하여 우체국에 가져가 주문한 곳으로 등기를 보내는 일을 했다. 일하던 중 범종 스님께서 다니는 중앙승가대학교 학인스님들이 봉사하고 있는 장애인불자모임 '보리수아래'를 알게 되었다. 계속 어긋나는 일들과 내 헛소리 때문에 머뭇거리며 참석하지 못하고 있던 중 범종 스님의 끝없는 설득에 보리수아래 모임에 함께하게 되었다.

처음 함께한 자리가 1박 2일의 낙산사 템플스테이였다. 처음인 자리에 모두 처음인 분들이 반갑게 맞이해주셨고 장애인 한 사람 한 사람마다 스님 한 분씩 도움을 주셨다. 장애불자와 학인스님 일 대일 동행이었다. 나에게도 해원 스님이 짝이 되어 오셨다. 항상 웃으시며 모든 걸 함께하며 사소한 것까지 잘 챙겨주셨다. 그래서인지 먼 길 멀미도 없이 낙산사에 잘 도착할 수 있었다. 범종 스님 빼고는 모두 처음 본 사람들이라 함께한 자리가 많이 낯설고 어색했는데 언제 그랬냐는 듯 어느덧 함께 그 자리에 스며들어 템플스테이를 즐겁게 잘 다녀왔다.

보리수아래와 함께

직장생활은 어느덧 계약했던 2년이 끝나고, 태어나 처음으로 실업급여라는 걸 신청하러 아버지와 같이 다녀왔다. 성인이 되어서까지 아버지랑 동행한 이유는 교통사고로 머리를 다치고부터 낯선 곳에 가면 불안하고 초조함이 심해져 그 상태에서 시간이 지나면 거친 언어와 행동들이 나도 모르게 튀어나오기 때문이다. 사실 그것 때문에 사회생활이 힘든 적도 적지 않았다.

인터넷으로 이곳저곳을 알아보다 홈쇼핑에서 중증장애인대상으로 취업을 진행한다는 공고를 보게 되었다. 그곳에 지원해 면접 보고 실무교육을 받고 다시 2년 동안 근무를 하였다. 그동안 보리수아래 모임에 한 달에 한 번 착실히 나가며 사람들과도 어울렸다. 그렇게 좋은 인연이 이어지면서 미얀마 장애시인들과 공동시집도 출판했다. 또한 책 전달을 겸한 성지순례길에 동참하게 되었다. 태어나 처음 나가보는 해외인지라 긴장도 많이 하고 행여나 돌발행동이 나오지는 않을까 걱정이 되었다. 그런데 보리수아래 회원들과 함께라 그런지 장애도 잊을 만큼 성지순례를 잘 다녀왔다. 내게는 정말 의미가 컸다.

미얀마 성지순례를 다녀와서 느낀 사실은 '왜 이렇게 조급하게 빨리빨리 하며 살고 있나' 였다. 천천히 여유을 가지고 생각하며 행동하면 실수도 줄고 더 좋은 결과물을 얻을 수 있는데도 말이다. 부처님의 나라, 그리고 가피에 대해서도 새롭게 느끼게 되었다. 성지순례 다녀온 후 다음 날부터 다시 일상으로 돌아왔다. 새벽기도하고 백팔배하고 헬스장 갔다와 간단히 식사 후 업무 준비를 한다. 일 마치고 퇴근해서 점심 먹고, 간단히 운동하고 사경기도하다 저녁 먹고 여가생활. 어느덧 기도는 밥을 먹는 것처럼 당연히 하는 일이 되었고 오히려 못하는 날은 왜인지 허전했다. 그렇게 1년이 흐르고 또 성지순례를 다녀왔다.

이번에는 대만이었다. 대만은 내가 알고 있던 나라가 맞나 싶을 정도로 깨끗하고 성지순례길를 잘 형성해두었다. 인상 깊었던 건, 불광산사의 웅장함과 아름다움이었다. 크고 넓은데 하나하나가 다 눈이 가고 사람들의 정성이 들어가 있었다. 불타기념관의 무장애 길과 대만 사람들 앞에서 했던 보리수아래 작은 음악회도 잊을 수가 없다. 누구나 가서 보면 또 오고 싶다고 느낄 만큼 불교적 가치가 무궁무진한 곳이었다. 그렇게 대만의 사찰과 전시관 유적지를 보고 여법하고 신심나는 성지순례를 잘 다녀왔다.

감사의 노래

순례를 잘 다녀오고 베트남 장애시인들과 공동시집을 출간하였다.
이번에는 내가 쓴 시도 시집에 실리게 되었다. 보리수아래와 함께하
면서 큰 변화도 많이 일어났다. 중증의 장애를 가진 회원들 각자마
다 능력과 소질에 맞게 키워주고 신행생활을 잘하도록 하고자 하는
최명숙 회장님의 노력이 숨어있는 결과였다. 불자 예술인으로서 생
각지도 못해봤던 일들이 일어나고, 혼자서는 쉽게 행동에 옮기거나
이루지 못했을 일들을 하나하나 해나가고 있다.

그중 첫째는 내가 쓴 시에 콩나물이 더해져 아름다운 음악이 되
어 보리수아래 음반에 실린 것이고, 둘째는 내가 쓴 시가 책에 실려
아시아장애인 공동시집에 들어가 출간이 되어 베트남 시인들과도
인연을 맺게 된 것이다. 셋째는 내가 다시 사람들과 즐겁게 웃으며
그 자리에서 어울릴 수도 있게 됐다는 점이다.

교통사고로 다친 후에는 사람들과 어울리는 일이 힘들었다. 사람
들과 소통에 작은 문제라도 생겼을 때 정신줄을 놓아버리는 내가
무서웠던 시절이 있다. 집에서 기다려도 보고 술과 함께 살아도 보
았다. 그런 가운데에서도 부처님은 나를 떠나지 않고 잡아주셨다.

사경기도에 온 힘을 다해도 보고 절로 들어가 사람들과 어울려 수행정진도 했다. 직장도 다니고 보리수아래와 함께하는 가운데 시인도 되고, 작사가도 되고, 해외불교문화 성지순례도 나가보고, 이제 이만하면 살만한 삶이라 생각한다. 불제자로서 살아가는 일이 행복하고 앞으로 더 수행정진 해야겠다는 다짐을 늘 하곤 한다. 평범한 사람 같으면 꿈에도 못 꿀 롤러코스터에 올라탄 듯한 내 인생. 자칫 잘못하면 저 아래 구렁텅이로 깊이깊이 빠질 뻔한 내 인생. 그런 내 인생을 잡아준 것이 꾸준히 해온 백팔배와 사경기도, 옆에서 잡아준 가족들이다. 그리고 새로운 길도 있다 알려주시고 잘 갈 수 있게 이끌어주신 범종 스님, 함께 손잡고 같이 가준 보리수아래 가족들이 있다.

이 모든 시작점은 부처님의 법이었던 것 같다. 백팔배를 하면서 몸은 점점 좋아지고 사경기도하면서 마음과 일상이 조금씩 차분해졌다. 보리수아래와 함께하면서 제일 중요한 '함께'라는 것을 배우고 어느덧 나는 그렇게 부처님께 많은 사랑을 받고 있다는 것을 알았다.

부처님은 앞으로도 나를 지켜봐주실 거라는 것도 알고 있다.

감사합니다, 부처님. 감사합니다, 부모님. 감사합니다, 범종 스님. 감사합니다, 보리수아래. 감사합니다, 친척들 친구들. 모두 감사합니다. 건강하세요!

법보신문 사장상

부처님과의
동행

———

선덕화 허정애

나 홀로 포교사

시방 법계에 부처님께서 아니 계신 곳은 없으니, 아무리 작고 좁은 절이라도 부처님은 계실 것이다. 겨울 한철 내기가 곤혹스러워 보이는 절이면, 아이들과 함께 올라가서 절을 올린다. 이 절이 잘 되게 해주십사 하고 절을 올리고 나면, 마알간 절의 살림이 걱정이 덜 된다. 부처님의 슬하에서 육십구 년을 살아온 재가불자로서는 약간의 시주와 기도만이 할 수 있는 것의 전부이다. 삼배를 마친 손자는 묻는다.

"할머니, 부처님은 6년 동안이나 고행을 하셨다는데 왜 저렇게 뚱뚱해요?"

"네가 본 부처님 상像만이 부처님이 아니라, 여러 시대 여러 장소의 부처님이 다 부처님이니라. 뼈만 남은 고행중인 부처님상도 있느니라. 네가 좀 더 자라면 너도 많은 부처님 상을 뵙게 될 것이다. 그리고 네 눈동자 속에 비치는 사람이 누구든 그 사람을 눈부처라 부른단다. 거꾸로 그 사람의 눈동자에 비친 너도 눈부처가 된단다. 그러니 얼마나 고귀한 존재들이냐? 아가. 네가 웃고 있으면 웃고 있는 부처님을 만나게 될 것이고, 네가 찡그리고 있으면 부처님도 널 따라 찡그리고 계실 것이다. 너는 어떤 부처님이 좋으냐?"

"웃는 부처님이요."

부처님. 늘 부처님께 여쭈어본다. 제가 기도한다고 하면서 실상은 세상의 이익을 쫓아, 욕심이나 다를 바 없는 기도를 하고 있는 것은 아닌지요? '보시'라고는 손톱만큼 해놓고 '복'은 거나하게 받기를 원하는 도둑의 심보는 아닌지요? 무의탁 노인 분들을 위한 식사자원봉사를 30년째 해오면서 어쩌면 저는 그것 하나로 선행은 충분하다고 생각했던 것은 아닐까요? 한 번씩 그런 생각이 올라올 때마다 하심하며 절을 한다.

악도 선도 그 자체로는 아무 의미가 없으니, 그 어떤 경계에도 머물지 말라는 생각이 기도 중에 문득 떠올랐다. 선을 행함에도 선을 행한다는 의식 없이 'Now and here(지금 여기에서)' '오직 할 뿐'이었다. 그 이후로 내 주위의 사람들을 만나서 '나 홀로 포교사'가 되었다. 이 어려운 시절에 그래도 연금이 나와서 돈 걱정은 안 하고 살아갈 수 있는 것도 다 부처님의 가피이니, 나도 무언가 부처님께 보답을 드리고 싶었다. 우선 나 자신이 바르고 맑게 살아서 모범이 되어야 했다. 사랑은 행동이지 말이 아니듯이 말이다.

한 동네에 사는 민이 엄마를 집으로 초대했다. 민이 엄마는 종교가 없던 터라 마침 잘 되었다 싶었다.

"민이 엄마, 우리 같이 절에 다니자."

"아이고, 형님. 저도 알고 보면 불교 신자라니까요. 어릴 때 할머니 따라 절에 가서 떡도 먹고 밥도 먹고 했잖아요."

"그러니까 지금은 안 다니는 거잖아. 오늘 한번 가보자."

순둥이 민이 엄마는 선선히 따라 주었다. 율곡사라는 절에는 단청이 없다. 전설에 의하면, 새가 부리로 자신의 깃털을 뽑아서 알록달록 단청을 수놓고 있었는데, 그 절의 처사가 문풍지를 뚫고 훔쳐보는 바람에 새는 아주 날아가버렸다고 한다. 우리는 부처님께 절도 올리고 스님이 내어주시는 차도 마셨다. 돌아오는 길, 민이 엄마는 대웅전 앞에서 머리를 조아리며 부처님을 향해 말했다.

"부처님. 제가 내일은 바빠서 못 오구요, 모레 꼭 다시 오겠습니다."

민이 엄마의 순정함에 웃음이 절로 났다.

자비의 의미

나도 어릴 때부터 절에 다닌 것은 아니었다. 가끔 어르신들이 하시는 대로 향을 사르고 촛불을 켜는 것을 따라 했을 뿐, 절이 좋다거나 하는 마음도 없었다. 남편은 절에 가서 살아도 될 만큼 불심 깊은 불자였다. 남편은 매일 새벽 3시에 일어나 백팔배를 올렸다. 중국으로 간 여행에서도 남편은 새벽에 일어나 벽을 보며 백팔배를 하고 있었다. 대구 갓바위는 수시로 다녀왔다. 좋은 일은 좋은 일대로, 나쁜 일은 나쁜 일대로 남편은 부처님 전에 소상히 아뢰었다. 그런 남편의 지극한 불심에 나 역시 깊이 감화되었다. 남편은 〈이산혜연선사 발원문〉과 《반야심경》 그리고 《천수경》을 읽어보라며 주었다. 〈이산혜연선사 발원문〉을 읽고 나는 눈물을 흘렸다. 세상의 어느 발원문이, 세상의 어느 서원이 그렇게 아름다울 수 있을까. 흉년 드는 세상에는 쌀이 되어 구제하고 제아무리 칼산지옥도 내가 가면 연꽃이 된다니, 세상의 어느 발원문에서도 이런 구절은 없었다. 나는 내가 알면서 지은 죄, 모르고 지은 죄, 하나하나를 반성하며 부처님 저를 용서해 달라고 빌었다. 그리고 이때껏 지어온 나쁜 습習을 버리고 좋은 업을 쌓게 해 달라고 빌었다.

마음자리 한번 잘못 쓰면 천 길 낭떠러지로 떨어지고 마는 것이 이 사바세계임을, 그러나 그 어느 자리에도 여러 보살님들이 계셔서 구제받을 길이 있다는 것은 부처님의 지극한 자비에서 비롯되었을 것이다. 어느 날, 김해 공항에서 서울로 가는 비행기를 기다리며 의자에 앉아 있었다. 말쑥한 신사 한 분이 내 옆의 의자에 앉았다. 다른 빈 의자도 많았던 터라 순간 약간 불편했다. 그러나 표시는 낼 수 없었고 나는 단주만 돌리고 있었다.

"아주머니, 제가 이런 사람입니다."

그가 내민 조악한 신분증에는 모 은행 지점장이라고 되어 있었다.

"아주머니, 지갑과 핸드폰을 도둑맞아서 비행기 표 값이 없지 뭡

니까? 이 다이아 반지도 깨진 거라서 금은방에서는 안 받아준다 하고. 아주머니께서 저를 한 번만 도와주시면 안 되겠습니까?”

“아저씨, 저기 경찰 보이시죠? 이름이랑 주민등록번호 조회하셔서 일단 서울로 가시면 되잖아요.”

“그리 간단한 문제가 아니라서.”

“제가 경찰을 불러드릴까요?”

그는 재빠른 걸음으로 공항 밖으로 사라져갔다. 그 순간 내가 느낀 감정은 쓸쓸함이었다. 저렇게 사지가 멀쩡한 사람이 말도 안 되는 핑계를 대며 사기를 치려하다니. 내가 그리도 어리숙해보였나? 만약 내가 아직도 선악의 경계에서 끄달리고 있었다면, 비행기 표 값만큼 그에게 돈을 주었을 것이다. 그러나 지금은 그를 도와주지 않는 것이 더 큰 자비임을 안다. 사랑하지 않는 것이 더 큰 사랑일 수 있고, 도와주지 않는 것이 더 큰 도움일 수 있는 것이 부처님의 가르침 안에서는 서로 모순이 되지 않는다. 만약 내가 그에게 돈을 주었다면 그는 죄업을 하나 더 쌓는 것이 될 것이다. 그리고 나는 그가 더 나쁜 사람이 되는 데 힘을 보탠 사람이 될 것이다.

그러나 부처님의 가르침을 한 번 더 새기면, 이 세상에는 모두 다 좋은 것도 없고, 모두 다 나쁜 것도 없다. 그 사기꾼 아저씨는 비록 나쁜 사람이지만, 그런 일을 하면 안 된다고 우리를 일깨우는 ‘역행보살’일 수도 있다. 그런 삶을 살아서는 안 된다고, 평생 남을 속이고 살아왔지만 결국은 빈털터리가 되어 공항 주변을 떠돌 뿐이라고,

우리에게 말하고 있는지도 모른다. 그렇게 해서 나는 부처님의 가르침에 따라 두 번째 화살은 맞지 않을 수 있었다.

여래사에서 오래토록 들어온 주지스님의 법문이 이제는 나의 일상에서도 녹아나는 것 같다. 주지스님은 옛날에는 섬 어린이들을 백 명씩 초청하여 육지 구경도 시켜주시고 하셨는데, 지금은 생일을 맞으신 독거노인 분들을 위한 생일잔치도 열어주시고, 재소자들의 교화에도 애쓰고 계시다. 스님의 눈은 언제나 사회적 약자를 향해 있다. 불교와 인연이 닿은 친구들은 말하지 않아도 초하루 법회와 보름 법회를 빠지지 않고 나왔다. 처음에는 열심히 할 것 같은 친구들이라도 절에 나오지 않는다는 이유로 차츰 만남이 소원해졌다. 아하, 이것이 그들에게는 강요일 수도 있겠구나 하는 생각이 들었다.

마하트마 간디가 했던 말이 떠올랐다.

"여러분이 진정한 크리스천이라면 자이나교도는 더 좋은 자이나교도가 되게 해주고, 불교신자는 더 좋은 불교신자가 되게 해주시오."

나는 절에 나오지 않는 친구들에게 전화를 해서 절에 오라는 이야기는 한마디도 하지 않고 그냥 만나자고 했다. 아직도 부처님과 인연이 닿지 않은 사람에게 억지로 종교를 강요하는 것은 사상과 양심의 자유를 침해하는 것이니까. 친구들과 만나서 우리는 어느 약이 좋더라는 이야기와 어떤 크림이 좋더라는 이야기만 했다. 친구들이 부담스럽지 않게, 그러나 슬픈 일이나 나쁜 일이 일어나면 꼭 나에게 전화할 수 있을 만큼의 우정은 쌓아놓았다. 부처님 법 만나기는 수미산에서 바늘 찾기보다 더 어려운 일이라고 안타까워하면서 말이다.

빈자의 등처럼

매일 새벽 다섯 시, BBS불교방송을 켜면 나의 아침도 시작된다. 방석을 앞에 두고 같이 예불을 시작한다. 북을 두들겨 세상 온갖 가죽 있는 짐승들의 고통을 줄여주고, 종을 치며 구천을 헤매는 지옥중생까지 제도하고, 목어의 텅 빈 뱃속을 두들겨 자면서도 눈을 뜨고 있는 물고기처럼 깨어있으라고 수도자들을 일깨운다. 봉선사 큰 법당의 부처님은 오늘 슬며시 웃으신다. 신기하게도 부처님은 내가 슬픈 마음으로 바라보면 슬퍼 보이고 웃는 눈으로 바라보면 부처님도 따라 웃으신다. 그러니 일체유심조이다. 그러나 아직도 불교를 미신이라고 말하는 사람들이 있다.

　서구에서부터 일어난 채식주의 열풍은 지금으로부터 이천육백년 전의 불교가 그 시작이었습니다. 육식이 얼마나 해롭고 잔인한가를 깨달은 서구인들은 스스로 채식을 택했고, 그것은 짐승들에게도 자비의 손길을 뻗었던 부처님의 자비심과도 닿아있다. 우주에는 어떤 것도 절대적인 것이 없으며, 고정적인 실체 없이 위치에 따라 서로

62

다르게 보일 뿐이라는 아인슈타인의 상대성이론과 제행무상諸行無常, 제법무아諸法無我는 서로 얼마나 많이 닮아있는지. 불교는 과학이며 진리이다. 미신은커녕 서구에서는 지금, 청년들을 중심으로 불교를 알자는 붐이 일어나고 있다. 미국, 독일, 프랑스 등등에서 청년들은 선방을 마련하고 경전을 같이 읽고 그리고 참선을 한다.

'무엇을 하기'보다 '무엇을 안 하기'가 훨씬 더 어렵다. 더구나 현대사회에서는 무엇을 안 하고 가만히 있기는 더욱 더 어렵다. 이때 모든 것을 내려놓고 10분만이라도 눈을 감고 가만히 자신의 내면을 들여다보면 지칠 대로 지쳤어도 욕망만은 가득한 내면의 세계를 바라보게 된다. 인정하고 싶지 않아도 자신의 내면 또한 그리 깨끗하지 않음을 바라보게 된다. 그것이 종교의 시작점이 되어야 하지 않을까? 즉 무언가를 더 가지기 위해 불자가 되는 것이 아니라, 덜 필요한 어떤 부분을 버린다는 마음으로 부처님을 믿기 시작한다면, 우리는 조금이라도 더 쉽게 불교에 다가갈 수 있지 않을까.

부처님의 가피로 이 세월을 살아왔다. 혼자라면 너무도 쓸쓸했을 길을 부처님과 동행하며 한 생애를 살았다. 개인적으로 가슴 아픈 일들은 모두 가슴에 묻고, 만나는 사람들에게는 늘 웃음으로 대했다. 그래도 채울 수 없는 공허함과 슬픔은 부처님 법을 공부하며 이겨낼 수 있었다. '빈자의 등' 하나가 밤새 꺼지지 않았던 이유는 가난한 여인이 가진 한 닢의 전 재산으로 산 등불이었기 때문이다. 우리의 모습은 어떠할까? 전화 한 통이면 큰 힘이 될 텐데, 우리는 스님들의 법문이나 강의는 자주 들으면서 그 한 편 한 편이 만들어지기까지의 비용이나 수고로움은 혹시 잊고 있는 것은 아닌지. 늘 받는 사람이 되지 말고 먼저 주는 사람이 되어보면 어떨까. 그래서 BBS에서 더 좋은 프로그램이 많이 만들어진다면, 이것 또한 시청자들이 서로가 서로에게 하는 보시가 될 것이다. 법보신문도 마찬가지다. 조금 더 깊이 불교에 대해 알고 싶다면, 혹은 지금 사회적으로 고립되어 계신 분들께 법보신문의 알찬 말씀들을 전하고 싶다면, 월 1만 원으로 두 사람에게 신문을 보낼 수 있다. 혹시라도 신문을 받아보는 분들이 지금보다 더 나은 처지의 사람이 될 수 있는 기회를 우리가 제공할 수 있을지도 모른다. 가장 큰 원에는 이미 작은 원이 들어 있다고 한다. 우리가 가족이라는 작은 울타리를 넘어 더 큰 원을 세운다면, 작은 원은 저절로 이루어지지 않을까 한다. 누군가는 기도에 대해 이렇게 말했다. "기도는 모르는 누군가를 위해 내 시간과 비용을 기꺼이 낭비하는 것이다."

올해는 결코 꺼지지 않는 빈자의 등처럼 많은 등불이, 여기저기서 타 오를 수 있기를 두 손 모아 발원한다.

설산과
두 번째 화살

—

홍인 신준철

백양사는 눈이 정말 많이 왔었다. 슬슬 새벽에 일어나는 게 익숙해지던 날이었다. 나는 새벽 예불을 드리러 가려고 방문을 열었다가 깜짝 놀랐다. 밤사이 내린 눈이 새하얗게 쌓여 길을 덮어버린 것이다. 서울에서만 살던 내게는 처음 보는 광경이었다. 내가 묵던 방은 절에서 조금 떨어진 바깥채였기에 나는 발목까지 쌓인 눈을 헤치고 겨우 대웅전에 도달할 수 있었다. 예불을 드리고 법당을 나온 나는 다시 한 번 놀랐다. 눈을 헤치며 걸어온 발자국이 흔적도 없이 사라져있었다. 언제 밟고 지나왔냐는 듯 무심하게 하얀 눈이 소복이 쌓이고 있었다.

그날 아침 식사 후, 나는 처사 한 분과 원주스님과 산을 올랐다. 아마 7시였을 것이다. 막 산을 오를 때는 좋았다. 해가 뜨며 눈도 그쳤고, 눈 쌓인 나무들은 눈꽃이 핀 것 같아 참 아름다웠다. 그러나 그러한 감상도 잠깐이었다. 넉가래 하나만 들고 종아리까지 내린 눈을 헤치며 산을 오르는 건 보통 일이 아니었다. 싸늘하게 식어있던 몸은 금세 땀이 뚝뚝 맺힐 정도로 달아올랐다. 산의 중턱까지 오르자 거기서부턴 눈을 치우면서 내려오기 시작했다. 내려갈 때는 젊은 사미승 한 분과 넉가래로 눈을 치웠는데, 그즈음 되니 다시 눈이 내리기 시작한데다 돌투성이 산길이라 툭하면 넉가래가 걸리는 통에 아주 고역이었다.

10시쯤 되자 슬슬 체력에 한계가 왔다. 장갑을 꼈음에도 손가락은 감각이 희미해진 지 오래였다. 바짓단은 눈 녹은 물로 얼어붙었다. 허리와 다리가 몇 시간 동안 절을 했을 때처럼 시큰거렸다. 그쯤 되자 부정적인 생각이 들기 시작했다. 날씨에 대한 원망부터 내가 이 고생하려 따뜻하고 편안한 집을 나왔나 하는 후회, 왜 나까지 끌고 와 고생시키나 하는 짜증까지 온갖 생각이 머릿속을 맴돌았다. 다 때려치우고 집에 가고 싶었다.

그때였다. 조금 앞에서 함께 묵묵히 눈을 치우던 스님이 물었다.

"힘들죠?"

"네."

당연하죠, 라는 말은 속으로 삼켰다. 스님은 웃으며 말씀하셨다.

"당연히 힘들 겁니다. 하지만 이렇게 생각해보세요. 하기 싫은 걸 억지로 하고 있다고 생각하지 말고, 수행을 하고 있는 거라고. 전 오히려 지금 이렇게 눈을 치우는 게 명상하고 경전을 읽는 것보다 훨씬 좋은 수행이라고 생각합니다."

"참선이나 독경보다요?"

"네. 혹시 두 번째 화살의 비유를 아시나요?"

나는 그 비유를 알고 있었다.

불교와 멀어지다

나는 동국대학교 불교학과 출신이다. 가장 불교와 가까운 환경에서 20대를 시작한 것이다. 그러나 아이러니하게도, 내가 한동안 불교와 멀어지게 된 계기가 바로 대학교에서 겪은 경험들이었다. 내가 불교에 대한 순수한 신심과 학구열에 불타 불교학과를 지원했다고 한다면 거짓말일 것이다. 그렇다고 내가 어떤 기대나 믿음 없이 불교학과에 들어간 것도 아니다. 어린이법회부터 청소년법회까지 이어지는 오랜 시간 동안 불교를 접하며 느낀 호감과 관심이 컸기 때문이었다. 그 때문에 나는 불교에 대한 자부심과 기대를 품은 채 대학 생활을 시작했다.

그러나 현실은 내 막연한 상상과는 달라도 너무 달랐다. 같은 학과의 학생들에게 독실한 불교 신앙을 기대한 건 아니다. 요새 자신의 전공에 관심이 없는 학생들이 부지기수인 건 어떤 학과든 비슷할 거다. 하지만 동기들은 지나치게 불교와 멀었다. 《반야심경》 하나 못 외는 경우가 부지기수였다. 대놓고 이 정도 학과밖에 오지 못했다며 불만을 토로하는 일도 많았다. 설사 그런 마음이 있다 하더라도, 그걸 입 밖으로 낸다는 것 자체가 불교에 어떤 관심도 없다는 걸 증명하는 일이었다.

그렇다고 혼자 불교를 공부하기엔 아는 것이 너무 없었다. 진정으로 불교에 뜻이 있는 친구들은 찾기 힘들었고, 스님이나 교수님은 너무나 멀게 느껴졌다. 배우고 싶다 하더라도 어디서 배워야 할지 물어볼 사람조차 없었다. 나는 그렇게 서서히 불교로부터 멀어져 갔다.

백양사로 가다

그렇게 무의미한 시간이 흘러갔다. 1년이 지나고, 2년이 흘렀다. 군복무를 마치고 복학한 나는 벌써 3학년이 되어 있었다. 그러나 내가 실질적으로 불교에 대하여 배운 건 아무 것도 없었다. 입학하기 전이나 그때나 똑같았던 것이다. 오히려 불교에 대한 믿음만 잃어버렸다. 다른 친구들은 각자 자신의 전공이나 관심사를 살려 앞으로 나아가고 있는데, 나만 혼자 뒤에 남아서 아무것도 이루지 못하고 있었다. 잘못된 선택을 했다는 생각이 들었다. 왜 불교를 배우겠단 생각을 했는지 후회스러웠다. 그러나 변화의 계기는 전혀 예상치 못한 것에서 시작되었다. 뭐라도 해야겠다는 생각에 나는 작은 독서모임에 들었다. 그리고 우연히 한 스님과 친해졌다. 젊은 분이었고, 속가를 떠난 지 오래되지 않은 사미승이셨다. 그래서였는지 다른 스님들과 달리 훨씬 편안하게 말할 수 있었다. 같이 수업을 듣기도 했고, 수업이 끝나고는 함께 수업 내용에 대해 질문을 주고받거나 토론을 하기도 했다.

가을이었다. 그 날도 스님과 함께 수업이 끝나고 이야기를 나누고 있었다. 그러다 스님이 문득 생각난 듯 물었다.

"겨울 방학에는 뭐 하실 거예요?"

스님은 항상 재가자들에게도 존댓말을 쓰셨다.

"아직은 별 계획 없어요. 아마 집에서 공부나 할 것 같은데."

"그러면 혹시 저희 절에 오실래요?"

전혀 생각지도 못한 말이었다.

"한 달 정도 절에서 공부하는 것도 좋을 거예요. 제가 큰스님께 말씀드리면 거절하실 것 같지도 않고."

"음……. 한 번 생각해볼게요."

스님은 일 없으면 한 번 꼭 오라며 웃으셨다.

결과적으로 그 스님이 계신 절로 가진 않았다. 물론 아는 분이 계시는 절에 가면 더 좋았겠지만, 안 그래도 상좌로써 하시는 일이 많으실 분을 괜히 더 바쁘게 하고 싶지는 않았다. 그러나 스님의 말은 정말 좋은 계기가 되어주었다. 생각도 못한 일이었지만, 생각할수록 좋은 기회로 보였다. 한번 마음을 굳히자 일은 놀랄 정도로 부드럽게 진행되었다. 부모님의 소개로 백양사를 알게 되었고, 정신을 차리니 나는 이미 한 달간 읽을 책을 잔뜩 싸들고 백양사로 가는 기차에 몸을 싣고 있었다. 서울역에서 무궁화호를 타고 다섯 시간 정도, 백양사역에서 택시를 타고 30분 정도 가서 내리자 일주문 앞이었다. 짐을 잔뜩 짊어지고 낑낑대며 걷기를 15분 정도, 나는 드디어 고불총림 백양사에 도착할 수 있었다.

할 수 있는 것부터 시작하다

백양사에서의 하루는 이른 새벽부터 울리는 스님의 도량석 소리로 시작했다. 처음에 제일 적응하기 힘들었던 게 새벽 예불이었다. 집에 있을 때는 한두 시, 늦으면 세 시나 되어 잠자리에 들 때도 있었다. 당연히 일어나는 시간도 아홉 시 열 시까지 늘어졌다. 본래도 예민하고 잠을 자주 설치는데 갑작스레 바뀐 환경에 잠을 설치고 제때 일어나지 못할까 걱정이었다. 하지만 나는 백양사로 내려가는 기차에서 굳게 다짐했었다. '내가 할 수 없는 것, 할 수 있을지 모르는 것은 괜찮다. 그러나 할 수 있는 것은 반드시 하겠다.' 아침저녁 예불에 빠지지 않는 것은 충분히 할 수 있는 것이었다.

아금청정수로 시작하는 예불은 칠정례와 석가모니정근, 반야심경, 천수경을 거쳐 명상으로 끝났다. 명상까지 마치면 1시간 정도 걸렸다. 처음에는 따뜻한 이불 속에서 나오는 것부터가 고역이었다. 해도 뜨지 않은 새벽 칼바람을 맞으며 대웅전에 앉아있자면 방석을 깔아도 피할 수 없는 싸늘한 냉기가 나무 바닥을 타고 올라왔다. 그러나 그런 추위도 오래가지 않았다. 목탁 소리와 함께 절을 하면 식어 있던 몸은 점차 따뜻하게 덥혀졌고, 진언과 정근을 외고 있으면 머리를 짓누르던 졸음이 가시고 정신이 맑아졌다. 명상까지 마치고 나면 마음이 고요해져 마치 일어날 때와 다른 사람이 된 것 같았다. 매일 새로운 사람으로 다시 태어나는 감각이었다.

저녁 예불은 아침에 비해 사람이 많지 않았다. 아침엔 절의 모든 사부대중이 모였지만 저녁때는 스님 한 분과 종무원 한둘이 전부였다. 가끔 스님과 단둘이 예불을 드리는 일도 있었다. 오히려 그래서 좋았다. 아침과 달리 조용히 스스로에게 집중할 수 있었기 때문이다. 저녁 타종이 진행되는 동안 미리 대웅전에 들어가 난로와 촛불을 켜고 향을 피우고, 홀로 앉아 고즈넉하게 명상하는 시간은 매우 평온했다.

처음에는 힘들기만 하던 예불도 차차 적응되었고, 가물가물하던 칠정례와 《반야심경》도 예불문을 펼치지 않아도 자연스럽게 외울 수 있게 되었다. 마치 오랫동안 쓰지 않았던 근육을 조금씩 풀어주듯, 불자로써의 의식이 조금씩 돌아오는 감각이었다. 그러나 아직 조금 미치지 못했다. 무언가 결정적인 계기가 필요했다. 바로 그때 들은 말이 두 번째 화살의 비유였다.

두 번째 화살의 비유란 몸으로 느끼는 괴로움이 첫 번째 화살이라면, 마음으로 느끼는 괴로움은 두 번째 화살이란 뜻이었다. 범부들은 몸의 고통을 받으면 마음의 고통까지 느끼며 괴로워하나, 정법을 깨우친 수행자는 어떠한 몸의 괴로움에도 얽매이지 않고 마음의 괴로움으로부터 자유롭다는 가르침이었다.

스님의 말을 듣는 순간, 나는 뒤통수를 턱 하고 맞은 기분이었다. 수행이 반드시 명상하고 경전을 읽는 것만 수행인가? 마음이 혼탁하고 어지럽다면 책장을 꽉 채울 만큼의 경전을 읽어도, 하루 종일 면벽참선을 하고 있어도 소용이 없는 일이었다. 눈을 치우는 게 힘든 건 사실이다. 육체적인 고통이 일어나는 건 매우 자연스러운 일이며, 그것이 첫 번째 화살이다. 그러나 그것에 집착하면 안 된다. 몸의 괴로움에 집착하느라 마음까지 괴로워지는 두 번째 화살까지 맞아서는 안 되는 것이다.

나는 그제야 눈 치우는 것이 수행이라는 스님의 말을 이해했다. 몸이 춥고 힘겨운 건 실재하는 고통이다. 그러나 그것이 하기 싫고 그만두고 싶다는 건 내 마음이 만들어낸 아상이었다. 춥고 하기 싫다는 마음이 만들어낸 괴로움에 얽매여 혼자 두 번째 화살을 맞고 있었던 것이다.

눈 쌓인 산을 내려온 것은 11시가 넘어서였다. 여전히 손발이 얼어붙은 채였고 허리와 다리는 몹시 욱신거렸다. 하지만 마음만큼은 편안했다. 눈은 일주일 내내 계속 내렸고, 매일 눈을 치우면 그 위에 새로운 눈이 내리는 것이 반복되었다. 하지만 나는 예전처럼 짜증나고 화가 나지 않았다. 먼지를 쓸고 때를 닦던 주리반특 비구처럼, 나도 눈을 쓸면서 수행을 한다고 생각했다. 그러면 마음에 어떤 걸림도 없이 즐겁게 눈을 쓸 수 있었다.

항상 깨어있기

백양사에서의 한 달은 매우 소중한 시간이었다. 새벽 예불과 저녁 예불을 드리고, 매일 책을 읽고 명상을 하는 경험은 도시의 바쁜 일상에 있을 때는 하기 힘든 일이었다. SNS 없이 처음으로 진정한 혼자가 되어본 일도, 매일 저녁 예불 때 대웅전의 촛불을 밝히고 향을 피우던 일도, 스님과 함께 산길을 걸으며 이야기를 나눈 일도 좋았다. 그러나 가장 내 마음에 깊게 남았던 것은 그 눈 덮인 산을 넉가래 하나 들고 오른 날, 스님이 해주신 두 번째 화살의 이야기였다. 알고는 있던 비유였다. 그러나 그 이야기를 처음 들었을 때는 전혀 마음에 와 닿는 이야기가 아니었다. 그저 교수님들이 늘 하곤 하는 지루한 이야기 중 하나일 뿐이었고, 시험에 나올지도 모르니 암기해야 하는 텍스트에 불과했다. 기계적으로 외우기만 했을 뿐 전혀 이해하지 못한 것이다. 하지만 그날 설산에서의 경험은 달랐다. 그동안 이론으로만 알고 있던 개념이 처음으로 이해된 것이다. 긴 시간 동안 잊고 있었던 불교의 가르침에 대한 관심이 다시 꿈틀거리기 시작했다.

　한번 다시 솟아오른 관심은 서울로 돌아오고 나서도 좀처럼 식지 않았다. 나는 약간의 꿈과 기대를 품었던 1학년 때처럼, 아니 어쩌면 그보다 조금 더 열심히 불교를 공부하기 시작했다. 지금까지 대충 시험 볼 만큼만 외우고 학기가 끝나면 잊어버렸던 수업 내용들이 너무나 아쉬웠다. 조금 더 일찍 깨달았더라면 훨씬 많은 것들을 배웠으리라는 생각이 계속 맴돌았다. 그러나 마음을 가라앉히고 보면 그 또한 아집이고 상념에 불과했다. 지나간 과거는 되돌릴 수 없고, 우리가 선택할 수 있는 건 현재의 행동뿐이다. 오히려 지금이라도 알게 된 것에 감사해야 했다. 부디 다시 일어난 불교에 대한 믿음이 앞으로도 끊임없이 샘솟기를 기원한다.

믿음은 생사의 강을 건너게 하고

마음 단속은 뱃사공이다

부지런한 노력은 괴로움을 없애고

지혜는 피안에 이르게 한다

—법구경

무명을 밝히다

제주에서 날아온
희망

—

혜림 이상복

"생일 축하합니다. 생일 축하합니다. 사랑하는 혜림님의 첫 돌을 축하합니다."

여느 돌집과는 사뭇 다른 돌잔치. 예순네 살의 내가 50여 명의 봉사자들이 부르는 노래에 참았던 울음이 터지고 말았다. 내가 눈물을 보이자 나의 눈치만 보고 있던 생사고락을 함께할 '한사랑 파주공동체' 장애인들이 함께 울었다. 2018년 1월 31일 심장이식 수술로 새 생명을 받았으니 2019년 2월 1일은 나의 첫돌이고 그리하여 잔치를 하게 된 것이다. 환갑이 지난 64세의 돌잔치. 여느 돌잔치와는 달리 눈물의 바다로 시작된 잔치는 웃다 울다 하루해가 저물어 가는 줄을 몰랐다. 돌이켜보는 철없던 시절. 세상이 나를 중심으로 돌아가는 줄 알고 천방지축 살아왔던 시간들. 가족과 친구들한테 상처를 주고 집을 떠나 살아간 지 40여 년의 긴 방랑의 시간.

그날도 그랬다. 친구들과 즐겁게 술을 마시고 이런저런 얘기를 나누었는데 한 친구와의 사소한 의견 충돌로 주먹다짐까지 갔다. 심신이 엉망이 되어 숙소에 와서 습관처럼 컴퓨터를 켜고 인터넷 음악 방송을 듣는데 스피커 너머로 들려오는 차분한 목소리가 나를 일으켜 세웠다.

"아무것도 없는 종이 위에 산을 그려도 바람은 그릴 수 없어 법을 향하여 찬송하는 임의 모습 그려도 마음은 그릴 수 없네. 솔바람 우 우 우~ 잠을 깨우는 산사의 바람소리가 들릴 뿐 마음은 그 어디에도 없어라. 내 영혼 깊은 곳에 퍼지는 산사의 바람소리 산사의 바람소리."

바로 정목 스님의 '바람 부는 산사'라는 찬불가였다. 가사도 가사지만 무엇보다 스님의 음성이 나를 사로잡았다. 당시 유명한 음악사이트에서 노래를 다운받아 힘들 때나 괴로울 때 즐거울 때 노래를 들으며 눈물과 환호의 시간을 보냈는데 삼 년이 넘어서야 스님을 찾아 나섰다. 이때까지 종교라는 것은 어릴 적 가본 동네의 작은 교회가 전부였는데 스님을 뵈러 절에 간다는 것이 초등학교 입학식에 가는 것처럼 떨리고 설레었다. 정목 스님이 주지로 계시는 '마음고요 선원'을 찾아 스님의 법문을 들었다. 불교를 처음으로 접하고 불자로 태어나면서 나의 삶을 바꿔버리는 중요한 순간이었다.

스님의 법문을 들으면서 점점 불교를 알게 되었고 그 인연으로 대한불교조계종 선다암에서 수계를 받고 혜림慧琳이라는 법명을 받았다. 부처님의 제자가 되었으니 불교를 알아야겠다는 생각으로 인터넷 검색을 통해 불교공부를 시작했다.《불교입문》이라는 책을 사서 부처님의 생애를 공부했고, 대승이 무엇이고 소승이 무엇인지도 점차 알게 되었다. 그러던 중에 '상구보리上求菩提 하화중생下化衆生'이라는 멋진 단어에 전율을 느꼈다. 위로는 깨달음을 구하고 아래로는 중생을 제도한다? 몇 번을 생각해도 이 멋진 문구가 가슴에 와 닿아 이를 실천에 옮기리라 다짐했다. 그리하여 위로는 나를 일깨우기 위해 명지대 평생교육원 사회복지사 과정을 수강하고 아래로는 중생을 제도하기 위해서 파주에 있는 '울타리공동체'라는 장애인 시설을 찾아갔다.

장애인들하고 함께하는 생활은 쉽지만은 않았다. 몸이 불편한 친구들도 있지만 정신적인 장애를 가진 친구들은 좀처럼 이해시키고 화합시키기가 너무 어려웠다. 그래도 모든 것을 내려놓고 생활하니 마음이 편안해지면서 서서히 적응이 되어 갔다. 시간이 나는 대로 인터넷에서 불교공부를 하고 인터넷 불자 동우회 다음카페 '합장하는 사람들'에 가입하여 순례도 다니고 공부도 하면서 보내는 하루하루가 즐겁고 보람된 날들이었다.

차라리 깨지 않았으면

그러나 이러한 즐거움도 잠시 뿐 고통의 시간이 다가왔다. 심장에 병이 생기기 시작했다. 전에도 가슴 통증이 몇 번 있었으나 대수롭지 않게 생각했는데, 찾아오는 통증이 점점 심해 급기야는 일상생활을 할 수 없을 정도였다. 삼성병원을 찾아가니 수술을 권했다. 주변 친지들한테 도움을 받아 인공 심장판막 수술을 받았다. 하지만 한 번 망가진 심장은 한 번의 수술로 끝나지 않았다. 심장판막 수술, 관상 동맥우회술 등 두 번의 개흉開胸 수술과 수차례의 스탠드 시술 등을 위하여 삼성병원과 동국대 일산병원을 내 집 드나들 듯이 다니며 수술과 치료를 반복해야 했다. 특히 12시간 넘게 치러졌던 관상동맥 이식수술은 죽으면 죽었지 두 번 다시는 못할 수술이었다. 죽기보다 힘든 시간들의 연속이었다. 수술을 할 때마다 해야 하는 전신마취도 그랬지만 뭐라 표현할 수 없는 공포감에 차라리 깨어나지 않았으면 하는 마음이었다. 하지만 어느 순간 부처님을 찾기 시작했다.

그러던 중 다음카페 '합장하는 사람들'에서 108산사 성지순례 일정 공지나 올라왔다. 대한불교조계종 총본산인 조계사를 시작으로 논산 연무대 군 법당에서 회향하는 1일 3사 순례였다. 40여 개월 동안 108산사를 다니는 순례 일정! 꼭 가보고 싶은 사찰과 뵙고 싶은 부처님들이 나를 기다리고 있는 것 같은 느낌이 들었다. 순례 일정에 동참 의사를 보내고 간절히 기도를 하기 시작했다. 장애인 시설 생활 교육 선생님으로 들어가 장애인 친구들의 도움을 받으면서 지내는 내가 과연 순례일정을 무사히 마칠 수 있을까? 하지만 카페 지기인 혜정 스님과 도반들의 도움을 받아 무사히 108산사 순례를 마쳤다. 그때 기쁨이란 말로는 다 표현할 수 없었다.

가장 기억에 남는 순례는 강화 보문사였다. 관음성지인 보문사에서 가장 높은 곳에 계신 관음마애석불좌상에 올라갈 때는 정말 죽음을 각오했다. 열 계단 오르고 한 번 쉬고 그렇게 얼마를 올랐을까. 관세음보살님의 환한 미소가 내 눈에 들어왔을 때 함께 했던 도반들은 박수와 함성을 쳐주었고 부처님은 자애로운 미소로 '어서 오너라' 하며 맞아주셨다. 흐르는 눈물 속에 참배를 마치고 돌아오는 길은 정말 세상을 다 얻은 기분이었다.

용기와 격려 속에 무사히 순례를 마쳤다. 순례 때마다 찍은 108개의 사찰 낙관지는 나의 보물 1호가 되었다. 하지만 병은 나아지지 않았다. 그 모습을 본 카페지기 혜정 스님은 또다시 순례 일정을 잡았다. 바로 약사순례 일정이었다. '유리공덕회'라는 순례단 이름을 붙이고 2년에 걸쳐 전국 24곳의 약사도량을 선정하여 순례와 기도를 통하여 중생의 아픔을 구하겠다는 서원을 세웠다. 물론 동참을 한다고 하였지만 몸이 전보다도 훨씬 안 좋아 동참을 못하고 집에서만 기도를 할 뿐이었다.

몸은 점점 퇴락해져 2014년에는 가슴에 물이 차서 앉지도 눕지도 못하게 되었다. 다음카페 '합장하는 사람들'에서 알게 된 일산 동국대 한방병원 수간호사 자원 김명숙 님의 소개로 동국대 병원 순환기 내과 이무용 교수님을 소개받았다. 교수님께서는 내 몸을 진찰하시고는 언제 보호자랑 같이 오라고 하였다. 순간 올 것이 왔구나 하는 생각이 뇌리 속을 빠르게 지나갔다.

마지막. 마지막. 그 '마지막'이라는 단어와 그동안 살아온 세월들이 주마등처럼 지나갔다. 가정도 이루지 못하고 술로 방황하며 보낸 시간들, 뒤늦게 불교를 만나 봉사하고 순례를 다녔던 순간들, 해맑은 웃음으로 아픈 나를 위로하는 장애인들, 걱정과 우려로 날 사랑했던 가족들…… 특히 10년 넘게 형님의 병간호를 하면서도 나의 못됨을 미소로 맞아주신 부처님 같은 형수님의 얼굴이 떠올랐다. 감사하고 복된 날이 많았지만 후회되고 지워버리고 싶은 시간들이 떠올랐다.

교수님의 소개로 만난 메디플렉스 세종병원 심장이식 김경희 센터장님은 심장이식밖에 방법이 없다며 빠른 심장이식 수술을 권하셨다. 누군가가 죽어야 내가 사는 수술. 그 방법밖에 없다는 소리를 듣고 동국대 병원 5층 법당을 찾아 약사여래부처님만 빤히 쳐다보았다. 그 순간 기도라는 것도 잊고 살려달라는 애원조차도 나오지 않았다. 짧게는 몇 달 길게는 1년 넘게 입원해야 할지도 모르는 수술을 해야 한다니 당장의 수술비도 걱정이지만 돌보던 장애인들도 걱정이었다.

병고로써 양약을 삼으라

가족회의 끝에 방법이 있다면 한번 시도해보자는 의견에 수술을 하기로 결정하였다. 장애인들은 입원 기간 동안 자원봉사자님들이 돌봐주시기로 했고, 수술비는 누님과 형수님께서 보태주셨고 무엇보다 한국심장재단의 도움이 컸다. 모든 준비를 마치고 마지막 심정으로 불교와 인연을 맺게 해준 정각사를 찾아갔다. 마지막이 될지 모를 수술이 잘되기를……. 만에 하나 잘못되더라도 불교를 알게 해주신 부처님께 감사를 드린다며 진심으로 기도를 하였다.

기도를 마치고 돌아오는 길에 '몸에 병이 없기를 바라지 말라, 몸에 병이 없으면 탐욕이 생기나니, 병고로써 양약을 삼으라'는 〈보왕삼매론〉을 입에 되새기면서 인천 메디플렉스 세종병원을 찾아 입원했다. 입원 1개월 동안은 검사만 계속 이뤄졌다. 수없이 많은 주사와 약물 관을 주렁주렁 달고 눕지도 앉지도 못하며 식이요법의 식사로 입맛도 밥맛도 없는 식사를 해야 하니 수술을 하기 전에 이미 지쳤다. 신경이 날카로워져 괜한 짜증으로 주변 사람들을 불편하게 한 것이 지금도 후회스럽다. 심장을 기증 받으려면 심장의 크기와 혈액형에 따라 대기 순서가 달라지니 기다리다 숨을 거두는 사례도 종종 있다 한다. 그렇게 3개월을 기다리자 9번이라는 대기번호가 정해졌다. 이제 내 앞으로 심장을 기증 받을 분이 아홉 분이라는 뜻이다. 언제 어느 때일지 모르는 막연한 기다림 속에 아홉 번째라는 목표가 정해진 것이다.

보통 6~7개월을 입원해야 기증을 받을 수 있다 한다. 밤낮이 뒤바뀐 생활, 시간이 앞으로 가는지 뒤로 가는지 모를 기다림, 그런

중 찾아오는 인연들은 참으로 감사한 분들이었다. 이준용 님이 무료한 시간을 달래라고 《숫타니파타》 경전 사경 책을 갖다 주셨다. 매일매일 염주를 돌리며 사경을 하고 독실한 불자인 우리 형수님 대혜심 보살이 명산대찰 기도처를 찾아다니며 기도를 하였지만 점점 굳어져가는 심장은 어찌 할 수 없었다. 그렇게 6개월의 기다림 속에 죽어가던 나는 대기번호 1순위가 되었다.

어느 날 금식하라는 처방이 내려졌다. 제주에서 교통사고로 뇌사자가 발생하여 장기이식을 준비하고 있다고……. 꿈인지 현실인지 모를 속에 염주를 움켜쥐고 부처님만을 찾았다. 약사여래불 감사합니다. 관세음보살님 고맙습니다. 지장보살님 저에게 심장을 기증해주시는 분의 극락왕생을 바랍니다. 기도문에도 있지 않은 기도가 술술 나왔다.

제주에서 인천까지 600킬로미터. 다른 장기들이 적출되고 마지막 심장이 적출되면 4시간 안에 심장을 이식해야 건강하게 뛸 수 있다 한다. 비행기와 구급차로 제주에서 인천까지 600킬로미터의 심장 수송 작전은 007작전 이상으로 치밀하고 신속하며 정확하게 이뤄져야만 했다. 날아온 심장을 건강하게 제때 이식하기위해서는 시간을 아껴야 했다. 우선 내가 먼저 개흉을 하고 준비를 해야 하는 상황이었다. 이제 진짜 마지막이 될 수술을 위하여 들어가기 전 가족들과 인사를 나누고 마음속으로 계속 부처님을 찾았다. 계속되는 염불 속에 마취가 시작되고 잠시 후면 흉부외과 과장의 집도로 내 가슴이 열리고 내 망가진 심장도 적출되겠지, 그러면 다른 심장을 붙이겠지…… 이런저런 생각이 들 때 아련히 마취 속으로 빠져들었다.

서서히 마취가 되는 것을 느끼면서 부처님을 찾다보니 내가 어느 큰 사찰의 법회장소에 와 있었다. 사람 하나 겨우 올라갈 만한 계단을 타고 2층 법당에 올라가니 법회를 마치고 공양을 하는지 커다란 상 위에 음식을 옮기고 있었다. 스님들이 계시고 누워계시는 노보살님과 이리저리 바쁘게 움직이며 일을 하는 젊은 보살님들. 수없이 많은 사람들 중에 유독 맑게 빛나는 보살님이 어서 올라오라 하면서 내 손을 잡으며 가슴을 쓸어내려 주시는데 그때까지 가쁘게 몰아쉬었던 숨이 재채기 하듯 터져 나오면서 막힌 것이 펑 뚫어지는 느낌을 받았다. 곁에 있던 보살님들이 박수를 쳐주고 건네주는 물을 마시는데 생전 처음 마셔보는 꿀맛 같은 물이었다.

새 생명의 시작

몇 시간이 지났을까? 마취에서 깨어나니 법당이 아닌 1평 남짓 되는 무균실에서 팔과 다리는 묶여 있고 입에는 마우스피스가 채워져 먹을 수도 말할 수도 없는 상황이었다. 순간 내가 몽중가피를 입었구나 하는 생각이 들었다. 엄청난 고통이 쓰나미처럼 밀려왔지만 부처님은 나를 버리지 않으셨다는 생각이 들면서 내 몸에 건강한 심장이 뛰고 있다는 것에, 살아있다는 것에 부처님께 감사드리니 끊임없이 눈물이 흘러 내렸다.

정신 차려 밖을 보니 6개월 동안 기다림 속에 누구보다 걱정했던 형수님과 조카들이 무균실 유리창 밖에서 합장하며 함께 울고 있었다. 나는 그 와중에도 담당 간호사 선생님께 부탁을 해서 정각사 정목 스님께 편지를 썼다.

'스님께 위로받고 싶습니다. 처음 절에 찾아 갔을 때처럼 위로 받고 싶습니다.'

무균실에서 7일간의 치료를 마치고 일반 병실로 옮겨서 재활을 받았다. 내 몸은 하루하루가 다르게 건강해지고 있었다. 양치질도 할 수 없을 정도로 심했던 가슴 통증이 사라지고 헛기침과 가래를 뱉어도 통증이 일지 않았다. 하루에 만보를 걸어도 문제가 없고 계단 오르내림도 힘이 들지 않았다. 김경희 심장이식 센터장님께 심장 공여자의 신분을 묻자 개인보호 차원에서 정보를 드릴 수 없다 하면서도 공부를 많이 한 젊은 남자였다고만 말씀하셨다. 너무나 감사한 분의 건강한 심장을 부처님 가피로 받은 것이 분명하다. 그래서 설 명절에는 혜정 스님께 부탁드려 합동차례를 모셔드렸고 심장적출 49일째 되는 날 혜정 스님의 사찰에서 사십구재를 모셨다.

병원생활 7개월 만에 퇴원을 하고 장애인 시설 '한사랑 파주공동체'에 들어오니 불편한 몸을 이끌고 있던 장애인들이 서로 와서 안아준다. 부처님의 가피로 긴 기다림 속에 영롱한 감로수를 받아 새

생명을 얻었으니 그 은혜에 꼭 보답하고자 서원을 세웠다. 매달 조금씩 들어오는 장애연금과 후원금으로 붕어빵 기계를 사고 장애인 친구들과 전국 복지시설을 찾아 붕어빵 봉사를 하기로 하였다.

죽음의 끝. 새 생명의 시작에서 찾은 '상구보리 하화중생'. 부처님의 가르침을 가슴 깊이 되새기며 오늘보다 나은 내일을 위하여, 이 생보다 나은 내생을 위하여 오늘도 붕어빵 기계를 싣고 나의 소중한 심장을 어루만지며 복지관으로 떠난다.

봉정암 가는 길

—

수경지 허인영

설렘과 긴장으로 잠을 설쳤다. 우리 일행은 아침 일찍 버스를 타고 강원도 인제군 북면 용대리에 도착해 셔틀버스를 타고 백담사 주차장에서 내렸다. 신발 끈과 마음자락을 단단히 묶었다. 여린 새순이 겨우 얼굴을 내밀기 시작하는 계곡에는 생강나무의 노랑 솜꽃이 봄바람에 살랑거리고 있었다. 동행한 분들이 나눠 주는 결연한 웃음의 의미를 말없이 새기면서 걷기 시작하였다. 4월 산바람이 아직도 차갑게 옷 속을 파고들어 늘어진 마음을 잡아주었고, 맑게 흐르는 냇물과 긴 세월을 이겨낸 바위도 나의 도전에 응원하는 박수를 보내주었다. 이번 성지순례는 8월 말이면 긴 교직생활을 끝내고 교단을 떠나 인생 제2막을 시작하는 나 자신에게 주는 선물이었다.

"우리는 이 봄날에 어떤 꽃을 피우고 있는지 한번 되돌아 볼 수 있어야 합니다. 나 자신은 어떤 꽃을 피우고 있는지 살필 수 있어야 합니다."

법정 스님의 말씀을 되새기며 나의 내면을 살필 수 있는 소중한

91

기회이기도 했다.

　나의 유년시절은 할머니와 어머니의 염불소리를 들으며 잠드는 날이 많았다. 초하루와 보름이 다가오면 정성스럽게 절에 갈 준비를 하시던 어머니의 뒷모습은 늘 신중하고 경건하셨다. 또한 교단에서 평생을 보내셨던 아버지의 부처님 이야기는 재미를 넘어서 신비롭기까지 했다.

　사범대학 졸업 후 모교에서 교직생활을 시작하였다. 새내기 선생의 학교생활은 좌충우돌이었고, 열정이 앞서 실수도 많았으나, 은사님과 선배 선생님들의 지도로 조금씩 자리를 잡아갔다. 1984년, 중학교 2학년 학생들을 인솔하여 해인사로 수학여행 갔을 때의 일이다. 학생들에게 법보사찰의 의미와 사찰 관람 태도를 지도한 후 부처님께 절하러 갈 학생 희망을 받아서 데리고 법당으로 갔다. 호기심 반, 장난 반으로 따라 온 학생이 "선생님, 공부 잘하게 해주세요, 말하면서 절해도 되나요?"라고 물어 와서 "그래, 공부 잘하게 해주세요, 하면서 세 번 절을 해라"라고 대답을 했는데, 그 순간 뒤쪽에서 "열심히 공부하는 착한 사람이 되겠습니다. 다짐하며 절을 하여라"라는 묵직한 남성의 목소리가 들려왔다. 조용한 법당에 울려 퍼진 그 소리는 성스럽기까지 했으나 부끄럽고 창피해서 뒤를 돌아볼 자신이 없었다. 학생들과 삼배를 올리고 조심스럽게 주위를 살폈으나 목소리의 주인공은 이미 사라진 뒤였다. 아마도 뒤따라 오셨던 스님이셨거나 관광객이었는지 알 수 없으나 나에게 반성하는 계기가 되었고 깊은 울림이 되어 불교공부를 해야겠다는 생각이 들었다. 막연하게 나의 종교가 불교라고 생각만 했던 탓에 간단한 질문에도 어설픈 대답을 하는 교사임을 알았기 때문이다. 어머니를 따라 가끔 절에 갔지만 불자라는 명찰만 달고 다녔을 뿐 부처님 법을 잘 몰랐다. 생활하면서 주워들은 야트막한 불교 상식이 나의 전부였으나 부끄러운 줄도 몰랐다. 나는 '초파일 불자'였던 것이다.

불자로 살아가는 길

수학여행을 다녀와서 체계적인 공부를 해야겠다는 생각이 들어서 이곳저곳을 기웃거렸다. 어머니가 다니시는 절에도 가보고, 관심 있던 사찰에 가서 쭈뼛거렸으나 쑥스럽고 조심스러웠다. 막연한 관심만 있었지 체계적인 공부를 할 줄 몰랐다. 더욱이 각종 불교행사가 평일에 있어서 직장생활을 하는 나는 참석이 어려웠고, 불교 서적을 찾았으나 너무 난해하고 공감하기도 쉽지 않았다. 수학여행에서 느꼈던 부끄러움과 부처님을 찾아다니던 의지도, 갈구하던 마음공부도 구체화되는 것이 없자 점차 일상생활 속으로 묻혀갔다. 내 신앙생활은 장님이 코끼리를 만지는 격이었으나 불교와 관련된 다양한 책을 찾던 중 자연스럽게 법정 스님의 《무소유》를 만나게 되었다. 청빈한 수행자로서 무소유의 삶을 실천하며 자연과 교감하는 모습, 불자는 물론 우리 인간들이 살아가야 할 방향을 그림 그리듯이 보여주셨고, 수행의 일상을 진솔한 언어로 풀어놓은 책을 통하여, 스님의 체취와 절집 풍경 그리고 부처님의 법 향기를 맡을 수 있었다.

'맑고 향기롭게' 활동하시는 모습을 뵙고, 작지만 내가 할 수 있는 일이 무엇일까 생각하는 계기가 되었다. 막연하고 어렵게만 느껴지던 불자의 사회 실천 운동의 방향을 법정 스님이 알려주셨던 것이다. 사회복지시설 진여원과의 인연은 그때부터 시작되었다. 1997년 남편이 충주시 동량면 지역 향토 지명 조사를 한다기에 따라 나섰다가 '진여원'이라는 사회복지시설이 있다는 것을 우연히 알게 되었다. 찾아 갔더니 비구니 스님이 갈 곳 없는 아이들, 노인들과 함께 가건물에서 생활하고 계셨다. 보림 스님이셨다. 자세히 알아보니 '소쩍새 마을'을 운영하던 스님이 충주에 사회복지시설을 마련하려고 대지를 준비하였으나 후원금 관리 및 운영이 사회적으로 큰 문제가 되어 그 스님은 떠나고, 남은 가족들과 어렵게 생활하고 계시는 곳이었다. 여러 문제가 야기되어 홍역을 치른 후라서 봉사자도, 후원금도 거의 끊긴 어려운 상황이었다. 진여원을 나오면서 너무 열악한 임시 건물에서 스님 혼자 많은 식구들을 위해 애쓰는 모습이 매우 안타까웠다. 내 아들과 같은 나이의 지호와 지훈이는 장애를 가졌으나 제대로 된 치료 및 보호를 받지 못하는 등 어려움이 많아 보였다. 진여원을 다녀와서 남편에게 후원금을 보내면 좋겠다고 했더니 남편도 적극 호응하였다. 그러나 우리 부부의 힘이 미약했으므로 각자 근무하는 학교에 홍보하여 십시일반으로 모으면 좋겠다는 의견이 모아졌다.

학교 직원조회 시간에 선생님들에게 진여원에 대한 설명을 하고 안내문을 붙여 도와줄 것을 호소하였다. 1997년 10월이었다. 사회적으로 큰 이슈가 되었던 진여원에 대하여 많은 분들이 알고 있었으나 상당 부분 왜곡된 내용도 많았고 곱지 않은 시선도 있었다. 그러나 어려운 이웃을 돕자는 취지에 여러 선생님들이 정성을 모아주셨다. 매월 월급날이 되면 한 분 한 분이 주시는 성금을 모으는 즐거움과 따뜻한 미소를 나누어주는 선생님들을 만나는 기쁨은 매우 컸다. 그때 시작한 진여원 돕기는 2019년 현재까지 진행되고 있다. 금액이 많지는 않지만 꾸준히 마음을 모아 주시는 선생님들이 계시기에 23년째 나눔을 실천하고 있다. 재단 인사이동으로 우리 학교인 충주북여자중학교에서 근무하던 분들이 한림디자인고등학교로 가서 지금은 우리 학교 15명, 고등학교 10명, 총 25명이 매달 기부하고 있다. 매달 보내던 성금도 양쪽 학교로 나뉘다 보니 모으기가 쉽지 않아 고등학교 민 선생님의 도움을 받아 몇 달 씩 묶어서 보내고 있다. 또한 남편이 충주대원고등학교에 근무해서 그곳에도 같은 내용의 홍보를 하여 20여 명이 기부를 하다가 남편이 퇴직을 하면서 현재는 14명이 매월 기부하고 있다. 진여원은 초기에 고생을 많이 했던 보림 스님이 시설 및 모든 재산을 조계종단으로 넘긴 후 작은 암자인 충주 염불암으로 옮겨 수행을 하고 계신다. 현재는 원주 성불원 산하기관으로 사회봉사활동을 많이 하시는 현각 스님이 이사장님이고 주지 혜원 스님이 운영하고 계신다. 화암사라는 사찰과 한곳에 자리 잡고 있으며 종단과 스님들의 노력과 많은 분들의 정성과 도움으로 모범적인 사회복지시설로 운영되고 있다.

아이들과 함께하는 수행

청소년기에 다양한 문화적 체험이 평생을 살아가는 데 매우 중요한 역할을 하기 때문에, 종교적 체험 또한 중요하므로 불교 활동을 시키고 싶었으나 관련된 단체가 없었다. 타 종교는 매우 적극적으로 청소년 활동에 힘을 쏟는 데 비하여 불교와 관련된 활동이 없어 아쉬웠는데 2009년 3월, 파라미타청소년 단체를 조직한다는 내용의 공문을 보았다. 청소년 문화재지킴이 활동을 중심으로 자기계발 활동, 심신수련, 봉사 활동을 하는 단체라서 자라나는 청소년에게 도움이 될 것 같아서 29명으로 조직하여 동아리 활동을 시작하였다. 우리 재단 이사장님이 기독교 신자라 학교 행사에 기독교 의식이 있고, 교회에 다니는 선생님이 많은 분위기라 조심스러웠으나 파라미타 동아리 운영에는 별다른 어려움이 없었다. 동아리 회원을 뽑을 때에도 프로그램 내용을 충분히 설명하여 활동하면서 어려움과 갈등이 생기지 않도록 신경을 썼다. 파라미타 충북지회의 도움을 받아 활동 계획을 세워 학교 자체 활동은 물론 충주 지역 활동에도 적극 참가하였다. 우리 지역 문화재 바로 알기 활동으로 문화재 조사하기, 문화재 탐방 및 청소 봉사활동 등을 하였다. 학교에서 가까운 충주 대원사에 연락을 드리고 허락을 받아 기본예절과 법당 예절 등을 가르치기도 하였다. 주지스님은 학생들을 위하여 법문을 쉽게 풀어서 설명해주셨고, 만두를 준비해 주시기도 하고, 어느 때는 떡을 주시기도 해서 학생들이 매우 좋아하였다. 학기 초에 《반야심경》 암송 대회를 예고하여 자료를 준비하고 이해하기 쉽게 설명한 뒤 연말에 대회를 개최하였다. 《반야심경》 암송대회는 예상했던 것보다 반응도 결과도 좋아서 기뻤고, 학생들에게 불교문화를 접할 수 있는 기회를 제공하였다는 뿌듯함도 느낄 수 있었다. 그러나 파라미타 청소년 단체도 여러 가지 원인으로 점차 활동 영역이 좁아지고 어려움이 있어 활성화시키지 못하여 못내 아쉽다.

맑고 향기로운 인연

우리 학교는 해마다 2월이면 재단 인사이동으로 몇 분씩 중·고 교류를 하신다. 고등학교에서 근무하시던 김 선생님이 중학교로 오시게 되었다. 학구적인 국어교사라는 사실과 눈인사만 나누는 사이였으나, 함께 학교생활을 하면서 김 선생님이 불교에 관심이 많고 조예가 매우 깊으신 것을 알게 되었다. 김 선생님의 주선으로 부처님 향기에 목마른 몇 명이 스터디를 구성하여 공부를 시작하였다. 서점 지하 사무실을 빌려 쓰기도 했고, 음식점 책상을 이용하는 등 궁색했으나 뜻을 같이하는 선생님들의 모임은 늘 즐겁고 유익하였다. 김 선생님은 우리에게 마중물 역할을 하셨고 불법을 느끼고 배우게 해주시려고 노력을 하셨다. 그러나 이런 저런 이유로 선생님의 기대처럼 활성화시키지 못하고 흐지부지되어 매우 아쉬웠으나 동기는 부여되었다.

궁금한 것이 생기면 김 선생님의 도움을 받았다. 특히 학교에 매우 어려운 일이 생겼을 때도 선생님의 정확한 판단과 현명한 조언으로 원만하게 처리할 수 있었다. 우리들은 "김 선생님! 너무 열심히 공부 하시다가 출가하시는 것 아니예요?"라며 농담을 던지면 빙그레 웃으시곤 하셨다. 그 김 선생님이 2007년 2월 봄방학 시작되던 날 전화를 하셨다. "선생님, 저 출가합니다. 정리한다고 했지만 혹시 처리할 일이 생기면 뒤처리 잘 부탁드립니다"라는 짧은 인사를 끝으로 전화는 끊겼고, 다시 통화를 시도했으나 연결이 되지 않았다. 3학년 7반 담임이셨던 선생님은 졸업식을 마치고 모든 업무를 처리하신 뒤에 홀연히 출가를 하신 것이다. 함께 생활하던 선생님이 출가하신다는 느낌은 참으로 복잡하고 미묘했다.

김 선생님은 그렇게 속세를 떠나셨고 이후로 열심히 정진하고 계시다는 소식이 봄바람과 함께 날아왔다. 시간이 흐르면서 김 선생님은 행자생활을 거쳐 혜국 큰스님의 제자인 진공 스님이 되셨다. 가끔 종무소로 스님 소식을 여쭈면 공부하러 가셨다는 짧은 대답을 들어야 했다. 안거 끝날 때쯤 연락을 드려 어렵게 뵈면, 따뜻하고 정겹게 학생상담을 하시던 김 선생님의 모습은 어디에도 없고, 법복이 잘 어울리는 구도자의 모습을 만날 수 있었다.

꽃 피는 봄날

2010년 3월 봄날! 오늘처럼 꽃바람이 불던 날 슬픈 소식이 들려왔다. 법정 스님이 입적하셨다는 소식을 TV 뉴스에서 보았다. 편찮으셔서 제주도에서 요양하신다는 소식은 들었지만 너무도 일찍 가셔서 매우 슬프고 상실감이 컸다. 평소에 입으셨던 옷차림 그대로 평상에 누워 가시던 마지막 모습은 아직도 수채화처럼 머릿속에 선명하게 남아있다. '아름다운 마무리'였다. 스님의 타계 소식은 불교 신도뿐만 아니라 일반 독자에게도 큰 슬픔을 안겨주었다. 신심이 깊으셨던 어머니는 나보다 더 가슴 아파하셨다. 다비식을 지켜보면서 스님의 따뜻하지만 정신을 일깨워주시는 '오두막 편지'를 받지 못하게 될 현실이 너무 안타깝고 슬펐다. '텅 빈 충만'의 소중함이 얼마나 감사한 마음이었는지 법정 스님이 가시고 난 뒤에야 알게 되었다.

2011년 3월, 내 탯줄이셨던 어머니 일도행 보살님도 "꽃 피는 봄날, 스님처럼 가고 싶다"고 말씀하시더니 일 년 뒤에 거짓말처럼 꽃바람이 불던 날 자연으로 돌아가셨다. 작은 육신의 어머니가 떠나시고 나니 온 세상은 또 다른 어머니로 가득하였다. 활짝 핀 매화꽃을 보면 어머니 얼굴이 보였고, 콩나물을 무치며 맑은 참기름에서도 어머니 냄새가 났다. 맛있는 음식을 먹으려면 곁에 계시고, 고운 옷을 보면 함께 입혀주시고, 속이 아픈 날은 따뜻하게 보듬어주시고, 기쁜 날은 나보다 더 기뻐해주셨다. 어머니는 다양한 모습으로 늘 나와 함께 계시지만, 아직도 해거름마다 엄마의 온기가 그리울 때면 늘 손에 쥐고 염불을 하셨던 염주를 매만지거나, 생전에 즐겨 들으셨던《금강경》독송을 들으면 마음이 부드러워지곤 한다.

평생 불심

봉정암은 가도 가도 보이지 않았다. 발이 뜨거워져서 냇가에 앉아 식히기도 했고, 간식을 먹으며 에너지를 보충하기도 하고 아름다운 주변 풍경과 신선한 바람을 길동무 삼아 열심히 갔음에도 멀기만 했다. 지쳐서 주저앉고 싶을 때 멀리서 목탁 소리가 들려왔다. 목탁 소리에 힘을 얻어 다시 걸으니 드디어 부처님집이 내 눈 앞에 펼쳐졌다. 그 상서로운 기운과 표현할 수 없는 신비함에 압도되었다. 표현하기 어려운 충만감에 그냥 바라보며 가슴으로 느끼기만 하였다. 이렇게 부처님 옷자락을 놓치지 않고 봉정암까지 올 수 있는 귀한 인연들이 참으로 고맙고 감사하다는 생각을 하였다. 수많은 인연 덕분이지만 특히 유년시절 늘 염주를 들고 염불하시던 외할머니의 곧은 뒷모습에서 불교의 그림자를 보았고, 평생 불심으로 생활하셨던 어머니를 통하여 부처님의 자비를 배웠다. 어머니가 돌아가셔서 사십구재를 올리러 음성 미타사에 갔을 때 함께 신행 활동을 하시던 보살님들이 "노보살님처럼 아름답고 곱게 늙고 싶다" "어머니와 함께 철야기도를 하면 신심이 저절로 생겼다"는 등 어머니 옛 모습을 말씀해주셔서 돌아가신 뒤 또 다른 어머니의 모습을 만날 수 있었으니 '영혼의 모음母音'이었다. 그리고 한 번도 직접 뵙지 못했지만 나에게 불법의 향기와 삶의 안목을 일러주신 법정 스님이 계셨다. 어렵고 힘들 때 스님의 책을 읽으며 마음의 안정을 되찾았고, 흐트러진 자세를 바로 잡으며 불자다워지려고 노력하였다. 그리고 부처님 말씀을 몸소 실천하시는 보림 스님을 뵈면서 초파일 불자에서 벗어나고자 애를 써보기도 했다. 또한 같은 공기를 마시던 국어교사이셨던 진공 스님의 관심과 배려 덕분에 충주 금봉산 석종사에서 일주일에 한 번씩 혜국 큰스님의 법문을 들을 수 있는 복을 누리게 된 것이다. 참으로 귀하고 소중한 인연이다. 아버지는 "큰 그릇이 되지 못한 것을 부끄러워하지 말고 작은 그릇이라도 가득 채우지 못함을 부끄러워하라"고 말씀하셨다. 부처님 옷자락을 잡은 인연으로 작은 그릇이지만 풍성하고 넉넉하게 채울 수 있을 것 같은 기분 좋은 예감이 든다.

이번 성지순례는 40년 교직 인생을 정리하며 새로운 삶의 방향을 찾은 행복한 시간이었다. 봉정암의 무한 에너지가 제2의 인생을 살아가는 데 힘찬 원동력이 될 것 같은 기대와 설렘, 그리고 새로운 희망이 생겼다. 이러한 소중한 기회를 마련해주신 석종사 큰스님과 진명 스님, 불교대학 교수스님들과 관계자, 동문회 회장님과 재무님, 그리고 동행하셨던 모든 분들에게 진심으로 감사를 드린다. 퇴직하면 진여원 성금을 어떻게 해야 할까 고민하고 있었는데, 불교대학에서 같이 공부하는 민 선생님과 정 선생님이 흔쾌히 맡아 주겠다고 해서 정말 고맙고 감사하다.

"봄날은 갑니다. 덧없이 갑니다. 제가 이 자리에서 미처 다 하지 못한 이야기는 새로 돋아나는 꽃과 잎들이 전하는 거룩한 침묵을 통해서 들으시기 바랍니다."

법정 스님의 말씀을 생각하면서 봉정암을 내려왔다.

바라밀상

형제의 몸으로 나투신
선지식

———

법륜 장성윤

"따르릉-"

"여보세요?"

"경찰입니다. 장○○씨 아시지요?"

"네. 저의 형님입니다."

"장○○씨가 아파트 5층에서 투신하였습니다."

"네?!"

작년 6월, 지방선거 전야에 느닷없는 전화 한 통이 걸려왔다. 형제를 잃은 슬픔과 고통에 몸부림치기 시작한 것은 7월이었다. 오랫동안 잊고 있던 형제의 사랑을 떠올리면 기억나는 것은 어린 시절 레슬링 하던 추억이었다. 세 살이나 많던 형님은 악착같이 덤벼들던 나에게 져주고는 기분 좋은 웃음을 지어 보였다. 인자하면서 여린 성품이었다. 음력 정월 29일이 생일인 그는 매화꽃 같은 분이었다.

초등학교 때 형은 자전거 뒷좌석에 나를 태워 제법 먼 거리까지 다녀왔다. 단체로 관람하던 문화영화 시간이면, 저학년이던 나를 데리고 〈의사 안중근〉 같은 영화를 보여주었다. 나는 그때 "안중근이 의사야?" 하고 질문을 던졌던 기억이 난다. '의로울 의義 선비 사士' 뜻을 모르니 직업이 의사인 줄 알았던 것이다.

형님은 중학교 때부터 학업에 뜻을 보여 경찰대에 합격을 하였다. 지역 경찰서장이 축하차 방문하였을 때, 어머니는 서장에게 차를 대접하기 위해 찻잔을 옆집에서 빌려오셨다. 그러나 형은 무슨 이유인지 경찰대를 1년 만에 중퇴하고 나와서 다시 공부하여 S대 경영학과에 합격하였다. 1985년이었다. 그 2년 후 우리 형제는 같은 대학의 선후배가 되었다.

1학년을 마치고 입대한 형님은 제대 후 사람이 달라져 있었다. 어딘가 그늘이 있었고, 불안한 증세가 보였다. 나중에 알고보니, 이는 군대 내 구타와 가혹행위 때문이었다. 그렇지만 나는 이유도 알지 못한 채 이전과 달라진 형님에게 불만을 표시하였다. 그러면서 형과의 거리감은 늘어만 갔다. 형님은 졸업 후 몇 군데 회사를 거쳐 대전의 한 공사에 취업하였다. 그곳 직원의 소개로 현지 사람과 결혼하였다.

그렇게 안정을 찾는 듯싶었다. 하지만 형님은 결혼 후 얼마 지나지 않아 이혼을 하였다. 그 이유는 가정폭력이었다. 보통은 남자가 가해자이지만, 형님의 경우는 그 반대였다. 그로서는 감당할 수 없는 폭언과 위협, 그리고 다시 서울에서 새로운 직장에 적응하는 동안의 주말부부 생활. 형님은 안팎의 스트레스를 감당할 수 없었던

지 정신쇠약에 걸렸다. 그리고 귀향하여 연로하신 부모님과 살면서 정신지체장애 3급 판정을 받았던 것이다.

그렇지만 나에게 형님은 내 아이에게 설날마다 용돈을 꼭 챙겨주는 여전히 자상한 성품의 윗사람이었다.

나는 지금도 형님이 투신한 이유를 정확히 알지 못한다. 꽁초담배를 주워 피울 정도로 궁핍한 경제생활에 시달렸고, 그래서 담뱃값을 줄이기 위해 금연약을 복용하기 시작하였다는 것은 나중에야 알았다. 이러한 일련의 흐름이 어떤 영향을 끼쳤을 것이라는 짐작만 한다. 할아버지는 생전에 '형제는 콩이 한쪽이면 반을 나눠먹는 사이'라고 하셨다. 할아버지의 그 말씀이 갖는 뜻이 이제야 어렴풋이 다가온다.

형님의 타계는 내 신행생활을 다시 돌아보게 한다. 대학 시절 이후에 대승경전인 《금강경》을 거의 날마다 독송하는 '나름 열심히 하는 불자'라는 자부심이 없지 않았다. 《금강경》에는 '아응멸도我應滅度 일체중생一切衆生'이란 구절이 있는데 '내가 마땅히 일체중생을 제도하리라'는 서원을 가지라는 뜻으로 이해하였다. 그런 나에게 50년을 함께 한 형제가 '자살로 인한 타계'라니 감히 상상도 할 수 없

106

던 일대충격이 아닐 수 없다.

마음을 추스리고자 2018년 11월 일본 요코하마에서 열린 달라이 라마 존자 법회에 동참하였다. 일본에서 열리는 법회인 만큼 일본 불자들이 가장 많은 비중을 차지하였다. 그리고, 한국, 대만, 몽골 등 대승불교권 불자들이 좌석을 채웠다. BBS, BTN 등 우리나라 불교방송에서는 전국에서 동참하는 신도님들과 함께 이 대회에 단체로 참석하였다. 나는 입장권만 BBS에서 구매하고, 개별참가를 하였다. 경비를 절약하기 위하여 요코하마에 있는 게스트하우스에 머물렀는데, 이곳에는 대만에서 온 어느 보살님이 나처럼 경비절약 차원에서 머물고 있었다. 법회 참석을 위해 지하철로 이동하는 중 서툰 영어로 대화를 나누어보니, 같이 온 일행은 법회장 옆 호텔에 머물고 있어서 아침식사는 그들과 같이 한다고 하였다. 그 보살님을 보면서 대만 불자들의 저력있는 신심을 확인할 수 있었다.

회향하던 날 존자께서는 누구든지 질문 있으면 나와서 질문하라고 하셨다. 예전에 한마음선원 대행 스님께서는 법회 시간에 그렇게 자유질문 시간을 두셨는데 존자님께서도 같은 방식으로 대중에게 법석을 개방하셨다. 연단을 기준으로 좌우 양쪽에 마이크가 있고 질문자는 번갈아 순서대로 한 명씩 하였다. 이윽고 내 차례가 왔을 때 질문을 드렸다.

"My brother passed away in June. I feel sorrowful. Even though I chant Diamond Sutra every day, I feel unstable.

How can I keep my mind calm and help my brother?(형님이 지난 6월에 타계하여 슬픔에 어찌할 바를 모르겠습니다. 비록 날마다 《금강경》 독송을 하지만 마음은 여전히 편치를 않습니다. 어떻게 하면 제 마음의 안정을 찾고 또 형님에게도 도움이 될 수 있을런지요?)"

존자님께서는 영어를 하시지만, 보좌하는 분으로부터 한 번 더 질문 내용을 확인하시었다. 그와 동시에 몸이 한 번 '어이쿠' 하듯 흔들렸다. 그 순간 내 마음에 어떤 위로와 안식이 들어섰다. 그것은 존자님께서 보여주신 '자연스러운 자비심의 발로이나 사람에 대한 예의'를 보여 주신 것이라 이해된다. 존자님께서는 질문에 대한 법문을 이어가시면서 당신의 경험을 들려주셨다.

수행자로서 스승이 열반에 드셨을 때 인간적으로 큰 슬픔을 느끼셨다고 한다. 그러나 스승이 가르친 바를 실천함으로써 스승은 또 제자와 함께하는 것이다. 그러니 질문자도 형님의 평소 원력을 찾아 그 뜻을 잘 이어가면 어떻겠는가 하는 취지로 법문을 주신 것으로 기억한다.

그 이후 감사하게도 나는 일상생활의 평온을 거의 되찾을 수 있었다. 그리고 평소 형님이 남겨두었던 글이나 지인들의 전언을 추가로 수집하기 시작하였다. 그리고 12월에 어느 글짓기 교실에서 형님이 써두었던 많은 글들을 다량으로 찾을 수 있었다. 그의 재기를 위한 노력, 사회 복귀를 위한 눈물 나는 투쟁은 타계 이후에 그가 쓴 글을 보고 알았다. 형님은 지역신문에 칼럼도 쓰고, 장애인복지관

문집에 글도 썼다. 그 글 속에는 스스로 지나온 시간을 성찰하는 내용들이 많았다. 그리고 자라온 고향에 대한 관심, 그리고 한때 원망했던 인연들에 대한 용서 등이 담겨 있었다. 형님은 타계 한 달 전, 지역에서 개최하는 백일장에 '허물'이라는 이름으로 글을 내었다. 고등학교 진학 당시 큰 도시에서 공부하고 싶었으나, 아버지께서 경비 때문에 반대하시는 것을 계기로 원망하는 마음이 있었다고 한다. 그러나 성인이 되어서 아버지의 노고를 이해하게 되었다는 것이다. '이제 아무에게도 원망심은 없다. 그리고 사람에게는 누구에나 허물이 있다. 다만, 그것을 반성하고 이해하는 것이 필요하다'는 요지로 글을 마무리 하였다. 그리고 형님이 삶에 위안을 찾은 것이 어느 라디오 방송이었다는 것도 알았다. 가끔은 그곳에 사연도 보내고 경품행사에 응모하는 등 적극적인 청취자였던 것 같다. 그리고 이선희의 노래 〈인연〉을 신청곡으로 자주 보냈다는 것도 알게 되었다.

나는 형님의 타계 이후 참가한 '금강경 강송대회'(금강선원 주최)에서 BTN 이사장상을 받았다. 등수로 보면 3등 정도이다. 2회 대회 이후로 매년 참가했는데, 1등은 아니지만 소정의 코스를 수료한 느낌이다. 대회는 사경, 강송, 인터뷰 형식으로 진행하는데 인터뷰 시간에 나는 대중이 지켜보는 가운데, 젊은 시절 《금강경》 독송의 가피를 입었던 경험을 전하면서, 청년이나 학생불자들이 《금강경》 공부와 인연이 될 수 있도록 '유튜브 방송'을 운영하고 싶다는 뜻을 밝혔다.

형님은 외롭게 살다가 돌아가셨다. 동생인 나조차도 그의 내면세계를 알 수 없었고, 또 무관심했다. 그런데도 라디오에는 마음을 열고 다가갔다는 것을 보면, 방송의 힘이 얼마나 큰 지 알 수 있다. 그야말로 평등법석이다. 어쩌면 형님도 젊은 시절 불교에 더 깊이 인연이 되었더라면 또 다른 선택이 있지 않았을까?

　내가 유튜브 방송을 시작하게 되면, 만일 단 한 명이라도 내 방송을 보거나 듣고 부처님 정법에 인연이 된다면, 나는 형님에게 그 공덕을 회향하고 싶다. 아! 온몸으로 일깨워주신 형님이시여, 부디 극락왕생 하소서. 부처님! 저의 형님 장○○ 불자 세세생생 부처님 정법 만나 안양국토에 나길 발원합니다.

생명나눔실천본부
이사장상

자장면 한 그릇의
기쁨

———

여래화 장순영

"엄마 자장면 시켜서 함께 드실래요?"

딸아이 방문이 열리면서 들린 말 한마디가 꿈인지 생시인지 모를 충격이었다. 너무 놀라 딸아이를 보고 되물었다.

"뭐라고? 뭘 시켜 먹자고?"

다시금 들려오는 딸아이의 소리, "자장면 시켜먹자고요."

놀란 가슴 감추고 얼른 대답했다. "알았어. 시켜먹자." 행여 딸아이의 마음이 변할까 식탁에 있던 생활정보지에서 중국음식점을 찾으며 마음속으로는 '부처님 감사합니다! 지장보살님, 관세음보살님 감사합니다!'를 수백 번은 읊었다.

다른 가정에서는 이런 일이 특별할 것도 없겠지만 우리 집은 다르다. 딸아이가 나이 사십이 넘어서 처음으로 같이 음식을 먹자는 말을 했다. 한집에 살면서 식구들과 함께 밥을 먹은 지가 언제인지 기억조차 없는 지금 딸아이의 한마디는 내게 가족이라는 의미를 되새길 수 있는 소중한 순간이었다.

가족이란 한집에 머물며 함께 밥을 먹고 외출도 하고 여행도 하면서 살아가는 것이 일상이겠지만 우리 가족은 한집에서 살고 있지만 가족이라는 의미가 무색하리만치 저마다 다른 생각으로 살아가고 있었다. 남편을 만나 결혼을 하고 아이들을 키우며 남다른 행복을 꿈꿔왔지만 아버님은 사교클럽 즉 댄스교습소를 운영하셨고 그로 인하여 크고 작은 일들이 하루가 멀다 하고 일어났다. 불법으로 시작한 학원을 정식으로 인가받기까지 경찰서와 시청을 밥 먹듯이 들락거려야 했고 그로 인한 생활의 고통은 이루 말할 수 없었다. 천성적으로 성품이 여린 남편은 계속되는 아버님의 사업 실패에도 절망하지 않고 가족을 위해 노력했고 나 역시 포장마차를 비롯하여 궂은일을 마다하지 않고 살아갔다. 새벽에 나가 저녁 늦게 집에 들어오면 아이들이 학교에 잘 다녀왔는지 숙제가 무엇인지 챙기지도 못한 채 쓰러져 잠들어버리는 일상의 연속이었다. 아이들에게 사랑과 관심을 못 준 것이 늘 마음에 걸렸었다.

88년 1월로 기억된다. 쌀쌀한 날씨에 양말도 신지 않고 얇은 옷을 입은 채로 딸아이가 아빠 손을 잡고 내가 일하는 가게에 찾아왔다. 그 모습에 당황한 나는 급한 마음에 집으로 데리고 와서 양말과 옷가지를 챙겨 주섬주섬 입히며 남편에게 핀잔을 하며 딸아이를 구박했다. 많은 사람들이 오가는 가게에 허름한 모습으로 나타난 딸아이가 나의 알량한 자존심을 상하게 했다는 생각에 심하게 짜증을 부렸던 것 같다. 돌이켜 생각해보면 생활고에 마음에 여유가

113

없었던 것 같다.

하늘이 무너지다

그렇게 노력한 끝에 남편 고향인 안성에 땅을 장만하여 꿈에 그리던 전원주택을 지었다. 하지만 그 집에서 함께 행복을 꿈꿔야 할 가족과의 대화 시간이나 같이 식사를 하는 시간이 줄어든다는 걸 어느 순간 알았다. 특히 딸아이의 말수가 점점 줄어들었다. 가족을 기피하면서 혼자만 있으려는 시간이 많아졌다. 어릴 적부터 혼자 있는 것을 좋아하고 말수가 적은 편이라 대수롭지 않게 생각했는데 돌이켜 생각해보니 딸아이와 언제 대화를 했었는지 전혀 기억이 없었다. 함께 식사를 한 기억도 까마득하게 먼 옛날이야기처럼 느껴졌다.

혼자 방바닥에 주저앉아 생각해보니 언제부터인가 딸아이 방 안에서는 담배 냄새가 나고 입에서는 술 냄새를 풍기는 날이 잦았다. 따져 물어보니 '병원 수술실에서 근무를 하다 보니 피 비린내 때문에 담배와 술을 가까이 한다'고 하였다. 평생직장을 가져야 한다는 생각에 간호사를 시켰는데 그것이 오히려 독이 된 것 같아 땅을 치고 후회했다.

살기에 바쁘다는 핑계로 몇 푼의 돈을 벌었지만 정작 가장 큰 가족을 잃어버렸다는 죄책감에 시달렸다. 딸과의 관계를 회복하려 했

114

으나 그럴수록 부딪히는 횟수와 충격은 점점 더해만 갔다. 딸아이는 직장을 그만두고 그야말로 은둔자 생활에 완전 적응하고 있었다. 방 안은 난장판이었다. 방바닥과 침대에는 바늘 하나 꽂을 틈도 없이 쓰레기와 옷가지가 널려있고 가구와 벽은 담뱃진으로 찌들어 케케묵은 냄새가 진동했다. 무엇보다 문제는 딸의 건강이었다. 무절제한 식생활과 인스턴트 음식에 체중이 많이 불어 몰라볼 정도로 변해 있었다. 언제 이렇게 되었지? 후회하고 참회해도 소용이 없었다.

먹고 살기 위해 바쁘게 살아온 시간들이 이런 비극을 만들었구나 생각하니 내 자신이 비참했다. 그러던 중 설상가상으로 '욕심은 불행을 남긴다'는 말씀처럼 한 푼 더 벌어보겠다고, 노점상을 하고 택시를 하여 번 돈을 선배의 꼬임에 빠져 온천지구에 투자했다가 한 푼도 못 받고 돈만 날리는 사기를 당했다. 하늘이 무너지고 땅이 꺼지는 느낌. 부부가 함께 주유소에 취직하여 속으로는 울고 겉으로는 웃으며 일을 했다. 불과 5개월 만에 3억이라는 돈을 날리고 매일 딸아이의 모습을 보면서 사는 것이 사는 것이 아니었다. 이렇게 살아서 무엇 하나? 그런 생각이 점차 지배적이었고 급기야 극단의 선택을 하기로 결정을 하였다.

아파트 뒷산에 올라가 죽기 좋은 곳을 찾다보니 자그마한 절이 나타났다. 무심코 지나가려는데 도랑에서 풀을 뽑고 계시던 노보살님께서 나를 보시더니 이리 와보라고 손짓을 했다. 다가갔더니 노인이 살아온 얘기를 해주었다.

"내가 죽으려고 찾은 곳이 여기인데 당신도 뭔가 사연이 있는 듯한데 법당에 들어가서 부처님께 인사나 드리면 어떻겠소?" 하는 소리에 난생처음 법당이라는 곳에 들어갔다.

그렇게 한참을 부처님을 바라보고 있는데 갑자기 눈물이 쏟아지며 지난날의 시간들이 영화의 한 장면처럼 스쳐지나갔다. 어려서 부유하게 자랐으나 결혼하여 힘들게 살았고, 열심히 모은 모든 재산을 욕심에 모두 날리고, 딸아이는 은둔 생활에…… 돌이켜보니 모두가 내가 선택한 것이었다. 다 내 탓인데 나만 편하자고 세상을 등지려 하니 내가 참 나쁘다는 생각이 들었다. 그렇게 부처님 전에서 한참을 울고 노보살님의 말씀을 듣고 나니 무언가 새로운 희망이 어렴풋이 보이는 듯했다.

불교를 모르던 나에게 부처님은 절체절명의 순간에 다가오셨다. 지금 생각해보니 불교를 알기도 전에 부처님의 큰 가피를 입은 것 같다. 무거운 짐을 잘 배달하고 내려온 듯한 가벼운 마음으로 집에 들어오니 남편은 소주병을 앞에 놓고 TV를 보고 있었다. 남편에게 부처님 얘기를 하자 "이 사람 미쳤구나, 부처님을 다 찾게" 하며 비아냥거렸다.

지금 이대로 감사합니다

이후 힘들 때마다 절을 찾아 백팔배도하고 경전도 읽고 썼다. 한 발

116

한 발 부처님 곁에 다가가고 있을 때 지금의 대원화 보살을 만났다. 나이는 나보다 어렸지만 행동 하나하나에 배려하는 마음이 배어있고 무엇보다 부처님을 향한 마음이 큰 보살이었다. 대원화 보살과 스님의 지도 아래 해인사 백련암에서 삼천배도 해보고 아비라 기도를 했다. 스님들의 법회와 강의도 닥치는 대로 듣고 따라다녔다. 그러던 중 불교TV에서 스님의 법문을 듣는 순간 온몸에 전율이 흐르는 경험을 했다. 세상의 모든 것들은 나와 무관하지 않고 나로 인해 결과가 맺어진다는 연기법과 인연법에 대한 법문이었다. 스님의 법문을 듣는 순간 딸아이가 문득 생각났다. 딸아이와 처음 만난 순간으로 기억은 올라갔다.

추운 날씨에 맨발의 아이. 그리고 초등학교, 중·고등학교, 대학시절 등 내가 무언가 부족했고 어떤 상처를 주었기에 아이가 대화를 안 하려고 하고 자기 방 안에서만 있으려 하나?

스님의 법문대로 업장 소멸과 참회의 기도를 시작했다. 처음에는 어떻게 해야 하는지도 몰라 나도 모르게 딸아이 방문 앞에 참회의 절을 했다. 내가 행복하고 만족하기 위해서 딸아이에게 고통을 안겨주었고, 상처를 주었고 그로 인해 세상과 담을 쌓게 했다는 죄책감에 절을 했다. 가족에 대한 참회의 기도 속에 기도의 목표가 정확히 정해졌다. 딸아이의 상처를 달래고 남편을 불법에 귀의시키는 것이었다. 그러니 기도에 힘이 실리는 것이 느껴졌다.

대원화 보살님과 둘이서 시작한 일천배 모임도 예경회 회원도 20

여 명이 늘었다. 다라니 철야기도도 안정되게 진행되고 있었다. 충남 아산의 수암사 혜정 스님께서 지장백일기도를 한다고 해서 입재를 했다. 업장을 소멸하고 참회를 하는 데에는 지장기도가 최고라시며 스님은 절에서, 재가자는 가정에서 매일 새벽 3시에 일어나《지장경》일독을 하고 일상을 시작하는 것이었다. 처음에는 일어나는 것도 힘들고 어려웠지만 무엇보다 남편이 동참하게 되어 나의 게으름은 있을 수가 없었다. 그렇게 가정과 직장에서 기도를 하며 백일기도 회향일을 며칠 앞두고 기적 같은 일이 생겨났다.

그날도 남편과 함께 거실에서 TV시청을 하고 있었는데 가족이 있을 때는 절대 열리지 않았던 철옹성 같던 딸아이의 방문이 열린 것이다. 그러면서 딸아이 하는 말이 "엄마, 아빠 내 방 도배나 페인트를 칠해야 할까 봐요" 하는 것이다. 그 말을 듣는 순간 우리 부부는 놀란 얼굴을 마주보며 "으·으응 그래! 그렇게 하자. 언제 할까" 하며 딸아이의 반응을 살폈다. 혹시나 딸아이의 마음이 변할까 봐 다음날 서둘러 방을 정리하기 시작했다.

그전에도 청소를 안 한 건 아니었다. 딸아이가 없는 틈을 타 창문을 열고 들어가 대충 정리를 하면 자기 방에 말없이 들어왔다고 책이고 뭐고 손에 잡히는 대로 집어던지고 부셔서 더 이상 하지를 못했다. 그런데 이렇게 스스로 방문을 열어주니 부처님께 감사하다는 말이 저절로 나오는 순간이었다. 딸아이의 방은 여자의 방, 그것도 시집도 안 간 처녀의 방이라고는 도저히 상상할 수 없을 만큼 지저

분하고 냄새가 배어있었다. 100리터짜리 쓰레기봉투 3봉지를 채우고 나서야 방 정리가 끝이 났다. 쓰레기봉투를 버리며 쏟아지는 눈물은 참회의 눈물이 아닌 감사의 눈물이었다. 무려 삼 년 동안 딸아이 방문 앞에서 절을 하며 간절하게 서원했던 일들이 하나씩 풀리는 것 같았다. 그러면서 내 마음속으로는 또 다른 서원을 세우고 있었다. '앞으로 더 잘 될 거야. 이젠 다이어트도 시키고 예쁘게 화장도 하고 가족과 대화를 나누면서 여행도 가고 그러는 날이 올 수 있도록 기도를 해야겠다.' 나름 또 다른 서원을 세우며 청소를 마쳤다.

오늘 아침에는 출근을 하는데 딸아이한테 전화가 왔다. 엄마 통장으로 5만 원 입금을 했으니 엄마 다니는 절에 가서 등 하나 달아달라고. 한 집에 살면서 서로 각각이었는데…… 아직도 하나가 되려는 준비를 못해 우왕좌왕 할 때가 많은데 딸아이는 이미 하나가 될 준비를 마쳤구나. 부모의 마음도 읽을 줄 아는구나. 그런 생각에 너무나 감사했다.

아침저녁으로 한상에서 밥을 먹고 눈을 마주치며 이야기하고 때론 미소를 띠는 가족들의 모습에 꿈인가 생시인가 다리를 슬쩍 꼬집어보기도 한다. 부처님께 너무나 감사한 나머지 '나는 된다, 할 수 있다'라는 콧노래가 절로 나온다. 또한 이 행복 깨질까 두려운 마음에 지난 시간보다 더 열심히 기도하고 봉사하며 살아야겠다고 다짐한다.

지장경이 주신
은혜

—

일주향 이정희

남쪽에서 불어오는 봄바람을 타고 흐르는 물이 그동안 답답했다는 듯 하얗게 속살을 드러내며 봄소식을 전하고, 진입로 수선화 목련도 방긋방긋 미소 지으며 앞산의 모습도 아련한 연록의 수채화를 그리고 있다. 나는 불교신자라는 말이 부끄러울 정도로 경전 한 구절 제대로 읽어 본 적 없다. 그저 정월초순, 사월초파일, 백중, 동지 때만 절에 갔다. 1년에 4번 절에 가는 신도들을 우리 스님이 웃으시며 말씀하시길 보살님은 무늬만 불자라고 한다.

산수가 빼어나다는 배내골에 귀촌해서 신불산 백련사와 인연을 맺은 지는 7~8년이 되었다. 그러나 《천수경》《반야심경》도 외우지 못하는 초보 신자였다. 백련사는 조그마한 돌담이 산속에 어울리도록 잘 정돈되어 있는 아담한 절이다. 평소에는 거의 아무도 찾지 않아 고요한 적막이 흐르는데 바람이 불면 풍경소리만 쩔렁쩔렁 울린다. 절 앞에는 맑은 계곡물이 쉼 없이 흐르고, 주변엔 사계절 금낭화 철쭉꽃 산나리 백합 들국화 등등 이름 모를 여러 야생화들이 앞

121

다투어 예쁘게 피는 곳이다.

다니는 절에 새로이 주지스님이 부임하셨다. 주지스님은 노스님 상좌이시다. 주지스님께서 작년 10월 보름 동안거 결재일 법회에서 참석한 신도들에게《지장경》한 권을 나누어 주시면서 말씀하셨다.

"오늘부터 보살님들이 이《지장경》한 권을 가지고 3편으로 나누어서 매일 한 편씩 읽어보세요. 그러면 3일 안에 1권을 읽게 됩니다. 경전을 읽는 것은 여러분이 정성만 있으면 누구나 읽을 수 있습니다. 학생이 책을 읽는 것도 습관이 되어야만 공부를 잘 할 수 있듯이 매일 조금씩이라도 읽어야 합니다. 우리가 매일 밥 먹는 것처럼 경전도 매일 읽는다고 한다면 1년이면 365일 동안 읽으면 121번 읽을 수 있습니다. 매일 절에 와서 읽어야 된다고 하지 않습니다. 우리 절의 특성상 매일 절에 올 수 없으니, 집에서 책 읽듯이 읽으면 됩니다. 집에서 경을 읽되 매일 절에 온다고 생각하고 경을 읽을 때마다 1,000원씩을 모으세요. 부처님께 하루에 1,000원을 보시한다고 생각하고 모아 두었다가 정월 보름날 동안거 해제일에 부처님께 올리면 합동 회향해드립니다."

이렇게 해서 스님과 인연이 시작되었다.

내 나이 벌써 칠십을 바라보고 있는데 이 나이되도록 경전 한 권 제대로 읽어본 적도 없는데《지장경》을 읽을 수 있을까? 걱정이 되었고 눈은 침침하여 경전을 읽는 것이 쉽지는 않았다. 산속이라 초겨울 새벽 날씨는 춥고 아침에 일찍 일어나려니, 그것도 하루 이틀

이 아닌 90일 동안을 읽어야 한다고 생각하니 걱정이 앞섰다. 그래도 스님과의 약속이라 읽어보려고 아침 6시에 일어났다. 거실에 나오니 춥기도 하고 어설프기도 하고, 귀찮다는 생각에 전기장판에 불 켜두고 다시 방으로 들어갔다. 잠시만 누웠다가 나가야지 하고 이불 속에 들어가 누웠다. 그 순간 잠깐 잠든 사이 무서운 꿈을 꾸었다. 꿈속에서 백인 귀신, 흑인 귀신, 노랑머리 귀신, 곱슬머리 귀신 등 수많은 귀신들이 신나게 뛰어다니다가 내게로 몰려드는 것이었다. 순간적으로 귀신이 내게로 덮쳐올까 봐 걱정하면서 나도 모르게 "나무상주시방불 나무상주시방법 나무상주시방승"을 크게 소리 내어 외쳤다. 그 순간 그 많은 귀신들이 가부좌를 하면서 모두 줄을 맞추어 내 앞에 자리하고 앉는 것이었다. 참 신기한 꿈도 다 있네 하면서 탁자 위에 올려두었던 《지장경》을 펼쳐서 읽기 시작했다. 목에서 소리가 나오지 않아 눈으로만 읽기 시작하였다. 그러나 5장까지 읽으려니 너무 길고 다리도 아프고 허리도 아프고 온몸이 뒤틀리고 힘이 들었다. 겨우겨우 읽으려니 1시간 넘게 걸린 것 같았다. 매일 같이 《천수경》을 읽고 《지장경》까지 읽어야 한다는 부담감을 느끼며 그저 건성으로 읽어가고 있었다.

나에게는 아직도 친정 엄마가 계신다. 올해로 93세가 된 엄마는 혼자 생활하시다가 얼마 전 거동이 불편하시어서 요양원에 모시게 되었다. 그러나 낯가림이 심하셔서 적응을 잘 못하고 계신다. 엄마가 남동생들과 올케를 원망하시며 내가 너무 오래 살았구나, 자식이 무슨 소용이 있냐, 하시며 힘들어 하신다는 이야기를 동생으로부터 전해 들었다. 며칠 후 나는 요양원으로 엄마를 뵈러 갈 기회가 생겼다. 수척해진 엄마 모습을 요양원에서 보니 가슴이 쓰려왔다. 엄마께 방편으로 "엄마! 내가 한 달 전부터 《지장경》을 열심히 읽고 있으니까 조금만 견디시면 엄마도 좋아지실 거야! 마음 편안해지실 거예요"라고 말씀 드렸다. 엄마는 마음에 위안이 되셨는지 계속해서 기도해 달라고 하시었다. 경전을 읽는다고 이야기했을 뿐인데, 나 아닌 다른 사람의 마음을 편안하게 할 수도 있구나 싶었다. 생각해보니 스님은 얼마나 많은 신도들의 마음을 위로해주며, 희망을 주고 상처 난 마음들을 위로해주시는지 그 깊은 마음이 조금은 이해가 되었다.

언젠가 스님이 들려주신 말씀 중에 "부처님께서 중생을 위하여 나투신 깊은 뜻은 중생들 스스로가 미혹에 빠져 있음을 깨닫게 하기 위함에 있다"고 들었다. 중생들이 스스로 들여다본 적이 없는 마음의 본심, 그 마음자리를 밝혀주셨으니 목마른 사람에게 달콤한 음료수보다는 맑고 시원한 물 한 잔이 더 필요하고, 배고픈 사람에게는 값비싼 옷이나 보배보다 주린 배를 채워줄 밥 한 그릇이 더 필요하다는 말씀이었다. 그동안 마음이 많이 힘들었던 나는 부처님 말씀처럼 마음을 행복하게 채울 수 있는 지혜가 필요했다.

이제부터 경건한 마음으로 정성스럽게 경전을 읽어보리라 다짐했다. 매일 1,000원씩 모으며 기도하니 돈이 모이는 재미도 있고《천수경》도《지장경》도 소리 내어 잘 읽어지고 뜻을 새기며 또박또박 읽게 되었다. 가끔씩 몸과 마음이 가벼워짐을 느낄 때면 '이게 업장 소멸일까?' 혼자 생각하기도 하였다. 조금씩 마음에 느끼는 감정이 달라지기 시작했다.

언제부턴가 나도 모르게 TV 채널을 불교방송으로 돌리고 있다. 선지식 강의도 자주 듣게 되고 스님들께서 쓰신 책들과 불자의 길이란 책도 읽으면서 조금씩 불교에 대해 알아가게 되었다. 그 어렵다는 경전과 강의 내용도 조금씩 이해가 되고 재미있었다. '아! 나도 이렇게 할 수 있구나! 하면 되는구나!' 부처님 말씀 속에서 생활하려고 노력하니 차츰 마음이 편안하다. 마음이 즐겁고 행복해진다. 남편이나 형제 그리고 이웃들에게도 관대해지기 시작했다. 이웃을 생각하는 마음이 예전과 달라 내가 먼저 많이 베풀고 상대편 입장에서 바라보는 맘이 생겼다. 남편이 조금 싫은 이야기를 할 때면 날 가르쳐주시는 부처님으로 여겨졌다. 우리 가족 모두 부처님 법 안에서 항상 건강하고 화목하며 살아가기를 발원한다. 살아있음에 감사하고 남을 위해 살아갈 수 있기를 발원해보기도 한다.

눈으로만 읽던 경전을 어느새 큰소리 내어 읽고 있다. 돈이 5만 원 모인 걸 보니 50일이 지난 것이다. 지금 살아있는 이 순간이 소중하고 감사하다. 열심히 좋은 선근 심어서 다음 생엔 좋은 인연으로 태어나고 싶다는 생각을 해본다.

벌써 삼동 결재의 끝자락이다. 모든 중생이 본래 부처라면 세상 모든 일이 참으로 간단할 것 같은데, 왜 한평생을 살면서도 내 마음이 내 마음대로 되지 않을까, 세세생생을 살아도 범부 중생들은 무한한 욕심을 부리면서 어리석음을 되풀이할까 생각해본다. 이렇게 중생이 어리석은 까닭으로 지장보살은 만월 같은 얼굴로 인행을 닦으시고 지혜의 검으로 중생의 길을 인도하신다. 절로 머리가 숙여진다. 지옥에서 고통받는 어머니를 제도하신 효심과 그리고 한 중생이라도 지옥에서 고통받는 중생이 있으면 성불하지 않겠다는 서원, 부처를 이루었지만 보살로 남아계시는 지장보살님! 어찌 부처님이 찬탄하시지 않을 수 있을까.

서원이 이루어지는 날까지

설이 지나고 눈이 내리는 날, 딸네 외손녀를 봐주기 위해 에덴벨리 스키장 정상을 지나는데 한 청년이 나뭇가지에 의지하고 서있다. 룸

126

미러로 보니 그 청년은 분명 차를 기다리며 눈보라를 피해 나무를 의지하고 있는 느낌을 받았다. 한참을 내려왔기에 그냥 갈까 하다가 그곳은 차가 잘 다니지 않는 곳이라 마음에 걸려 다시 차를 돌려 정상으로 갔다. 그 청년은 꽤 오랫동안 그곳에서 차를 기다렸다고 했다. 그를 차에 태우고 히터를 올리고 몸을 녹이게 했다. 자꾸만 그 청년이 부처님 같아 보였다.

"부처님 제 차에 한 부처님을 모실 수 있음에 감사합니다."

왜 그런지 자꾸만 내가 오히려 고맙다는 생각이 들고 감사한 마음만 들었다. 부처님을 내 차에 모시고 간다고 생각하며 행복했다.

'부처님 내가 선한 행을 할 수 있도록 기회를 주셔서 정말 감사합니다. 자비와 지혜로 충만하신 부처님! 영겁의 '윤회' 속에서 어린 싹이 어김없이 꽁꽁 언 땅을 헤집고 저마다 아름다운 자태로 잉태하듯이 오늘 지금 이 순간 나의 닫힌 마음을 열어 주셔서 감사합니다. 부처님 항상 저희 곁에 계신다는 것을 믿겠습니다. 부처님 이 시대 그늘진 이웃을 돕겠습니다. 내게 다가오는 인연들 어떠한 인연이든 부정하지 않겠습니다. 모든 삶을 겸허히 받아들이고 지혜롭게 헤쳐 나가겠습니다. 부처님! 이 청년 앞에 많은 차들이 지나갔지만 내 차에 타게 해주심을 감사합니다.'

나는 청년을 목적지까지 모셔다 드렸다. 마음이 너무너무 행복했다. 부처를 이루는 길도 자기 마음에서 시작되고 고통도 자기 마음에서 시작된다고 부처님께서 말씀하셨다. 언젠가부터 나 자신이 스스로 감사하며 행복하고 즐겁게 경을 읽고 있었다.

　이제 오늘밤이 지나면 정월보름 동안거 해제 일이다. 생각하니 뿌듯하고 90일이 금방 지나간 것처럼 느껴진다. 약속을 지켰다는 들뜬 마음에 일찍 잠자리에 들었다. 꿈인지 생시인지 모르게 '무상심심미묘법無上甚深微妙法 백천만겁난조우百千萬劫難遭遇 아금문견득수지我今聞見得受持 원해여래진실의願解如來眞實意'를 밤새워 외우고 있었다. 잠에서 깨어나 얼른 책을 찾아보니 '부처님의 어려운 이 법을 내가 이제 듣고 보고 마음에 담아 외우오니 부처님의 참다운 뜻 사무치게 깨달아지이다'로 나와 있었다. 뭔지는 몰라도 기분이 무척 좋았다. 나도 모르게 "지장보살, 지장보살"이 입에서 그냥 외워지며 기뻐하는 모습을 본 남편이 아침부터 뭘 그렇게 혼자 중얼거리느냐고 핀잔을 줬다. 그러거나 말거나 그냥 신나게 지장보살을 불렀다.

　회향을 마치고 스님께 그동안 경전을 읽으면서 나에게 일어난 일들과 꿈에 있었던 이야기를 말씀드렸다. 그러자 스님이 말씀하셨다.

　"보살님 경전 열심히 잘 읽으셨네요. 그것을 선禪에서는 몽중일여夢中一如라고 합니다. 그리고 꿈에서 외운 것은 《천수경》에 나온 〈개경게〉로 부처님 법을 여는 진언입니다. 중국 역사에 나오는 측천무후가 아주 불심이 있는 왕이었는데 경 읽는 것을 좋아했습니다. 백성들 중에서 누구든지 인도에 가서 불서를 한 권씩 구해서 오는 사람이 있으면 살인죄를 제외하고는 어떤 죄를 지었더라도 다 면죄해 주었습니다. 그래서 사람들이 인도에 가서 경전 한 권씩을 가져온 것을 중국어로 번역하였습니다. 그것이 오늘날 《화엄경》 80본이 되었습니다."

중국 역사에서 측천무후는 희대 악녀지만 불교에서는 역사에 남을 왕이라고 하셨다. 측천무후가 《화엄경》에 나오는 부처님 말씀이 너무 좋아서 읊은 시 중의 하나인데 아주 유명하다고 하셨다.

"부처님 법이 아주 깊고 미묘해서 보통 사람들은 백천만겁이 지나도 만나기 어려운데 내가 지금 보고 듣고 외우고 받아서 지니고 있으니, 부처님 진실한 참뜻 알아지다. 그런데 보살님은 겨우 90일 《지장경》 읽고서 이렇게 귀중한 것을 한 철에 경험하고 깨달았으니 이것보다 더 행복한 인연이 어디 있겠습니까?"

스님께서 칭찬해주시면서, 부처님은 어느 날 새벽 보리수 나무아래에서 새벽별을 보고 깨달음을 이루셨는데, 일체중생이 다 부처이고 일체중생이 다 여래의 지혜와 덕성을 갖추고 있기 때문에 중생들에게 법을 설하신 것이라는 법문을 덧붙여서 해주셨다. 산 좋고 물 좋고 공기 좋은 곳을 찾아 귀촌하여 백련사와 인연된 것도, 새로 부임하신 스님과 인연이 된 것도 참으로 감사하다.

부처님께서 말씀하시길 모든 진리는 다 마음에서 시작된다고 하셨다. 부처님은 마음 밖에서 진리를 구하지 말라고 하셨다. '부처님 저 이제 원을 세워 발원합니다. 부처님 진리 제 마음 안에서 찾겠습니다. 부처님 법도 제 마음 안에서 구하겠습니다. 부처님 제 마음 안에서 신심 내겠습니다. 억울한 맘도 화내는 마음도 다 내려놓겠습

니다.'

지금도 계속해서 《지장경》을 읽고 있는데 100일 지나면 《금강경》에 도전해보고 싶고, 경전 공부와 참선으로 마음 수련을 하루에 3시간쯤 하고 싶다. 꿈에서처럼 부처님 법을 배우고 부처님의 진실한 뜻 알아서 내 주변의 모든 사람들에게 권하여 다 같이 마음이 건강하고 행복하게 살아가기를 발원해본다. 지금은 아주 기초단계지만 주변의 모든 인연들과 같이 부처님 말씀대로 공부하고 실천하여 나와 남이 다 같이 행복하고 향기롭고 밝은 세상이 되기를 발원해본다.

바라밀상

캠퍼스에서 구르는
수레바퀴

———

통천 정상훈

낯선 불교

"힘들어 할 필요도 없어요. 포기할 이유도 없어요. 왜냐하면 한 알의 불씨가 광야를 불사르는 것처럼, 부처님이 가르치신 진리 역시 당신을 따르는 우리에 의해 온 세상의 번뇌와 고통을 모두 불사를 것이기 때문이지요. 우리는 그냥 계속 하면 됩니다."

교수님이 내 눈을 응시하며 담담하게 말씀하셨다. 당신의 한마디 말씀을 들은 순간, 내 가슴 속에는 무거운 어떤 것이 떨어지는 듯한 기분이 들었다.

칼바람이 매섭게 불어오는 겨울이었다. 나는 우리 학교 불교학생회의 젊은 지도법사 스님, 회장과 함께 이야기를 나누고 있었다. 스님이 나에게 제의했다.

"법우님이 우리 불교학생회의 다음 회장이 되었으면 합니다. 불교학생회는 지금 힘든 시기를 보내고 있고, 적절한 조건을 갖춘 다음 회장이 필요해요. 법우님이 적임자라고 생각해요."

당시 나는 복학을 하고 3학년을 거의 마친 상태였다. 나는 대학교를 다니는 내내 불교를 공부했다. 그리고 언젠가 포교사로써 일해보고자 하는 생각을 가지고 있었다. 그래서 지금 당장이라도 부처님의 가르침을 더 많은 사람들이 알아야 한다는 생각에, 기회만 되면 주변 선후배와 동기들에게 불교가 왜 삶에 도움이 되고, 어떻게 불교를 배울 수 있는지 이야기했다. 아마도 꽤나 낯선 캐릭터였을지도 모르겠다. 왜냐하면 많은 사람들이 이렇게 생각하기 때문이다.

'불교는 포교를 하지 않는 종교야. 불교는 포교를 하지 않아서 참 좋아. 불교는 그냥 마음의 위안을 얻기 위해 절에 가서 스님과 차 한잔 하는 것으로 충분해.'

나는 그렇게 생각하지 않았다. 불교는 더 많은 사람들에게 알려져야 한다. 그렇게 유난을 떨고 다녔기 때문에, 그와 같은 제의가 왔던 것 같다. 당시 한 친한 동생에게 불교 철학에 대해 설명해준 적이 있다. 아마 그 설명을 꽤 인상 깊게 들었던 것 같다. 그 동생은 불교학생회의 회장에게 나를 소개했고, 회장은 다시 지도법사 스님에게 나를 소개했다. 그리고 스님은 나와 대화를 마친 뒤 매우 좋아했다. 나는 1년간 우리 학교의 불교학생회를 책임지는 회장으로 선출되었다. 그러나 얼마 지나지 않아 스님이 왜 힘든 시기라고 했는지, 적절한 조건을 갖춘 다음 회장이 필요하다 하였는지 알게 되었다. 썩 달갑지 않은 깨달음이었다. 무엇이 문제였냐 하면, 당시 불교학생회는 딱히 불교를 학습하거나 신행활동을 하지 않고 있었다. 그리고 다들 그것이 당연하다고 생각하고 있었다.

나는 매일 오후 6시마다 예불을 드리겠다고 대중들 앞에서 약속했다. 피치 못할 사정이 아니라면 그 약속을 반드시 지켰다. 그런데 처음에는 몇 명씩이라도 오던 사람들이 얼마 지나지 않아 차츰 줄어들기 시작하더니, 어느 시점부터는 텅 빈 법당 안에서 나 홀로 예불을 하고 있었다. 예불을 해야 하겠다고 말을 하니 갑자기 바쁜 일이 있다며 몇몇이 황급히 나가버렸던 적도 있었다. 점차 스스로의 정신력과 의지가 고갈되는 듯한 기분이 들었다. 가장 괴로웠던 것은 주변 사람들이 나를 이해하지 못한다는 점이었다. 나를 이해하지 못하는 사람들은 이런 식으로 이야기했다.

　"대학생들에게 불교는 너무 어렵기 때문에 친근하게 다가가야 해. 교리를 공부하고, 매일 예불을 드리겠다고? 누가 그걸 한단 말이야? 너무 이상적이고 비현실적이야."

　그 사람들은 나를 어려워하기 시작했고, 점점 내 곁에서 떠나갔다. 어쩌면 내가 틀렸고, 나를 이해하지 못하는 사람들이 하는 말이 옳을 수도 있다는 생각이 들었다. 단지 버틸 수 있을 때까지 버티자는 마음밖에는 아무것도 남아있지 않았다. 하지만 텅 빈 법당 안의 촛불과 향만큼은 매일 저녁 6시에 불타고 있었다.

사람이 드나들지 않아 싸늘한 폐사처럼, 고요한 법당 안에서 외롭고 미약하게 타오르는 촛불처럼, 언젠가부터 외로움이 익숙해졌다. 항상 우울한 표정과 엄숙한 분위기로 묵묵히 해야 할 일이 있으면 하는 '불목하니' 같은 사람이 되었다. 그래도 포기하지 않고 기회만 있으면 왜 교리를 공부하고 예불을 해야 하는지 설명했다. 왜냐하면 지금 이 사람이 포기한다면, 대체 언제 다음을 기약할 수 있을지, 어쩌면 다음이 있기는 한지 두려웠기 때문이다. 그러니 절대 포기하지 말자, 절대 포기하지 말고 끝까지 버텨보자고 항상 마음속으로 되뇌곤 했다.

그런데 어느 날이었다. 언제나 같이 예불을 드리려 홀로 내림 목탁을 치며 반배를 올릴 때, 누군가 문을 열고 들어오는 소리가 들렸다. 급한 목소리로 내게 말했다.

"아, 6시 조금 지나서 왔네. 그래도 아직 시작 안 했죠? 예불 같이 해요."

우리 학교 대학원에 다니는 나이 많은 형이었다. 함께 부처님 전에 예불을 올린 뒤 나에게 말했다. 지금까지는 너무 바쁘기도 하고 시간이 나지 않아서 오지 못했지만, 앞으로는 시간이 된다면 계속 나오고 싶다고 했다. 한 명씩. 기적처럼 갑자기 많은 사람이 늘어난 것은 아니었지만, 한 명씩 함께 하는 사람이 늘어갔다. 나에게 불교에 대해 설명을 듣다가 마침내 납득을 하고 계속 출석하는 후배도 있었다. 이제는 무언가를 할 수 있을 것 같았다. 새롭게 선임되신 지도법사 스님과 함께 학생 법회를 열기로 했다. 그러나 걱정이 많았다. 왜냐하면 사람을 많이 모을 자신이 없었기 때문이었다. 그러나 스님께서는 별 일 아니라며 걱정하지 말고 일단 법회를 시작하자고 했다.

"법우님, 법회는 일단 법회를 하고 있다는 게 중요해요. 만약 사람이 오지 않는다고 해 봐요, 그건 단지 사람들이 아직 우리 법회에 대해서 모르고 있기 때문에 오지 않는 것뿐입니다. 그리고 만약 아무도 오지 않는다고 해도, 말하는 사람인 제가 있고 듣는 사람인 법우님이 있으면 법회예요. 규모는 중요하지 않아요."

스님의 말씀대로였다. 규모는 중요하지 않았다. 오히려 사람이 얼마 없더라도, 정말로 관심을 가지고 있는 사람들과 함께하는 법회는 몇 천 명이 모이는 법회보다 더 귀중했다. 아직도 규모는 크지 않지만 무언가 시작되었다는 느낌이 들었다. 정말로 원하는 사람, 필요한 사람, 궁금한 사람들에 의해 우리는 부처님 가르침을 따르는 공동체를 형성하기 시작했다. 언젠가부터 법당은 더 이상 고요하지 않았다. 촛불은 오래 타면 탈수록 촛농이 고여, 더욱 뜨거운 불꽃을 뿜어냈다.

많은 사람들이 불교의 젊은 신도수가 급감하는 추세라고 걱정한다. 그렇기 때문에 청년층에 대한 포교가 필수적이라고 말한다. 불교학생회는 이와 같은 청년층 포교의 최전선에 서있는 집단이다. 그런데 대부분의 불교학생회가 옛날에 비해 침체되거나 사라지고 있다는 점을 많은 사람들이 애써 외면하는 것 같다. 1980년대라는 황금기 이후, 1990년대와 2000년대를 거치며 전국 대학교 불교학생회는 절반 이상이 소멸되거나 현재 소멸의 위기를 겪고 있다. 오랜 시간의 침체가 계속되었고, 우리는 20년이라는 시간을 잃어버렸다. 고등학교 불교학생회가 대학교 불교학생회로, 대학교 불교학생회가 불교청년회와 동문회로 지속되는 구조는 붕괴되었다. 이 자리를 지키는 대학생들은 어쩔 줄 몰라 우왕좌왕하고 있다.

그런데 왜 이렇게 된 걸까? 나는 의문을 가지고 고민에 고민을 거듭했다. 다른 대학교의 불교학생회를 방문해, 어떤 식으로 사업이 진행되고 있으며 어떤 목적과 수단을 가지고 있는지를 물어보았다. 스님들과, 선배님들과 함께 토론에 토론을 거듭했다. 어떤 이는 민중 불교가, 어떤 이는 호법 불교가, 어떤 이는 힐링 불교가 그 문제라고 말했다. 모두가 일리 있는 주장을 하고 있었다.

한 가지 결론이 합의되었다. 불교가 주인이 아니면 망한다. 불교가 아닌 민중이나 국가가 주인이 되면, 그것은 불교가 손님이 되어

버린 꼴이다. 불교가 아닌 힐링이 주인이 되면 그것 또한 불교가 손님이 되어버린 꼴이다. 결국 무슨 불교 무슨 불교를 하든지 간에, 불교가 목적이 되고 그 이외의 것들은 모두 수단이 되어야 한다. 우리는 불교 교리를 학습하는 대학생들의 모임을 만들기로 했다. 왜냐하면 불교란 '부처님의 가르침'이며, 불교가 주인이 되기 위해서는 '부처님의 가르침'이 주인이 되어야 한다는 사실을 알게 되었기 때문이다. 이제 우리는 경전을 공부하고, 경전에 대한 해석을 공부해야 한다는 사실을 알게 되었다. 부처님께서 우리에게 진리를 가르쳐 주신 은혜를 조금이나마 갚기 위해서는 최선을 다해 포교해야 한다는 사명감 역시 가지게 되었다. 왜냐하면 가장 귀중한 가르침을 전할 때, 단지 그 대가로 다른 사람에게도 그것을 나누어 달라고만 당부하셨기 때문이다. 전법을 선언하신 부처님의 은혜를 갚을 길은 포교 외에는 달리 없는 것이다.

한 알의 불씨

부처님의 가르침을 공부하는 모임을 결성하겠다고 결심한 뒤, 자문을 받기 위하여 불교학에 대하여 명망 높은 한 교수님을 찾아뵙게 되었다. 정년을 마치고 퇴임하신 이후에도 쉬지 않고 많은 곳에서 불교를 강의하시는 당신께서는 하나도 지치지 않은 기색으로 우리를 맞이하여 주셨다. 교수님께서는 그 일은 뼈를 깎는 힘든 일이라고 말씀하셨다. 사람들은 낯선 신념을 불신하기 때문에 우선 그들의 신뢰를 얻어야 한다. 끊임없이 최선을 다해야만 사람들에게 신뢰를 얻을 수 있다. 신뢰를 얻어야만 포교가 된다. 그러나 힘들 것 하나 없는 일이라고도 말씀하셨다. 왜냐하면 부처님의 가르침은 가장 정당한 가르침이기 때문에 자연스럽게 사람들의 삶에 도움이 될 것이고, 사람들은 자신의 삶에 도움이 되는 부처님의 가르침을 자연스럽게 찾아오기 마련일 것이기 때문이다.

이는 자연을 거스르는 기적이 아니다. 원인에 따라 결과가 나는 순리이다. 그리고 우리는 이제 한 알의 불씨가 되어 그 정당한 가르침, 부처님의 가르침이 온 세상에 널리 퍼지기를 촉진시키는 촉매가 되고자 한다. 이제 나는 사람들에게 불교학생회가 무엇을 하는 곳이냐는 질문을 들었을 때, 자신 있게 대답한다. 불교가 더 이상 손님이 아니요, 주인된 자리를 찾았기에 당당하게 대답한다.

"아, 글쎄요. 여러 가지 성격이 있겠지만, 어찌 되었든 불교학생회는 이 대학교에서 불교를 학습하고 전파하는 일이 목적인 단체입니다. 그런데 어쩌면 불교를 공부하는 일이 당신 삶에 도움이 될 수 있을지도 모르겠네요. 혹시 같이 부처님 가르침을 공부해 보시겠나요?"

아직도 캠퍼스에는 수레바퀴가 구르고 있다. 낯선 불교를 전하러 온 좋은 벗들이 있다. 대학생 포교에 헌신하는, 꺼질 듯 말 듯이 아슬아슬하게 타오르는 작은 불씨들은 아직도 제 자리를 지키려 안간힘을 쓴다. 좋은 벗들에게 격려의 말을 전하고 싶다. 끝까지 버텨보자. 우리는 온 세상의 번뇌와 고통을 모두 불사르는 한 알의 불씨로, 스스로와 모든 사람들에게 이익과 안락을 전하는 가르침을 따라 살아가자. 우리가, 우리가 할 일을 계속하다 보면 언젠가 사람들은 우리와 함께하게 될 것이다.

인연

———

월광신 김수현

사람 마음에 숫는 것

"손톱에 구름이 떴네. 누가 너한테 큰 선물을 주려나보다."

손톱에 갈대 모양으로 흰 스크래치가 나 있었다. 선생님은 불그스름한 손톱 밑 살 위로 비치는 흰 구름은 어디서 쓸려왔는지 몰라도 약간의 보랏빛이 돈다며 손가락에 뜬 구름은 꼭 아미타불께서 내영하실 때 타시는 자색紫色 구름 같다고 하셨다. 이 구름이 손가락 위를 둥둥 떠다니면 상서로운 일이 생긴다며 뜬소리를 하시는 이 선생님은 나의 샤미센 선생님이시다. 샤미센은 비파 모양의 악기인데 손톱으로 현을 쓸어내리고 누르다보면 자연히 손톱에 스크래치가 나는 일인데 선생님은 이런 사소한 일도 허투루 부처님의 감응 아닌 일로 넘어가지 않으시는 분이다. 다시 연주를 해보라는 말에 현을 눌렀더니 아까와 다르게 범종소리처럼 고아한 울림이 느껴지는 소리가 나온다며 부처님께서 타시는 구름이 손톱에 떠 있는 까닭이라고 나를 설득하셨다. 내 생각엔 연습이 부족해서 전이나 지금이나 고양이 목청 찢어지는 고약한 소리가 나는 것 같아 고개

142

를 갸웃했더니 선생님도 따라 고개를 갸웃하셨다.

"얘, 내가 아주 고풍스러운 절의 한 스님께 부탁해서 내 과거를 읽어보았는데 글쎄 내가 변재천님과 함께 부처님께 비파 연주를 들려드렸다지 뭐야. 아미타불께서 중생을 맞이하러 가실 때 내가 그분 뒤에서 피리, 북 장단에 맞춰서 가락을 내고 지휘했다지. 그럼 내 안목이 어떻겠어, 어, 너 나 못 믿니" 하고 소매를 흔들며 샤미센을 팔에 걸쳐내시는 선생님 모습은 참으로 우아한 변재천님이다.

우리 변재천 선생님과의 샤미센 수업이 끝나면 으레 구품사九品寺로 산보를 나갔다. 구품사는 상품상생에서부터 하품하생까지 지켜봐주시는 대불님들이 본당의 본존을 마주하고 있다. 종문 가까이에는 죄의 무게를 달아보는 할머니와 염라대왕이 계시고, 그곳을 지나 손을 씻는 우물 뒤쪽의 안쪽 당에는 지장보살이 아기를 안고 어르고 있다.

쓸쓸한 삼도천 강가 앞, 한 태아가 산 부모님께 수고를 끼쳐드린 것에 대한 공양으로 제 몸 크기만 한 돌을 주워 옮겨 탑을 쌓고 있다. 공들여 쌓은 탑을 번번이 귀신이 쇠몽둥이를 휘둘러 부숴버리는데 이 아기를 지장보살님이 감싸서 법의 옷자락 밑에 감춰두셨다는 이야기가 있다. 지상보살님 아래로 쪼르륵 서있는 동자들 목에 걸쳐진 빨간 턱받이, 생전의 아기가 입었던 옷자락을 바느질하여 만든 턱받이를 보면 자연히 가슴이 아릿해온다. 이곳은 본존의 손에 오색실(오색의 천)을 감고 그 천을 늘어뜨려 걷는 행사가 있다. 아미타불께서 중생을 내영하시는 모습을 재현하는 듯, 등장하는 배우들은 모두 부처님 가면을 쓰고 금란가사를 입었다. 불자들은 그 천을 부여잡고 자기가 참회하고자 하는 일들을 읊조린다.

　나는 이 행사를 생각하면 산 아기를 묻었다는 한 할머니의 참회 고백이 떠오른다. 등신불을 묻을 때 다른 한 편에서 아직 숨이 붙어 있는 아기를 묻었다. 추운 지방이라 이곳 등신불은 시신이 진액이 되어 흐르지 않고 마치 바닷가에 잘 그을린 황태처럼 빳빳하게 말라 있는데 그 등신불의 몸을 감싼 가사 천을 잘라 부적으로 만든단다. 그 천 조각을 손에 쥐고 있노라면, 바닷가에서 향을 피우고 초코과자를 던질 때면, 땅 밑에서 빳빳하게 굳어 있을 아기 생각이 난다. 바닷가 앞에는 바람 맞는 황태들이 깃발처럼 펄럭이고 그 살결이 제 아기의 마른 몸 같이 느껴진다. 이런 저런 생각에 턱받이를 맨 동자들 앞에서 멍청하게 서 있으니 우리 선생님은 아기 앞에서 동태 눈깔을 하고 있으면 아기들이 다 도망간다고 등을 때렸다.

　나는 그런 생각을 했다. '비에 젖은 석순石筍은 하늘 끝에 기대섰네'라는 선시가 있다. 자연석의 길고 곧은 것을 화단에 세워 꾸며놓았더니 모양이 마치 죽순 같다는 말이다. 지붕을 엮는다고 가죽이 벗겨진 히노끼 나무들이 있다. 검붉은 속살을 드러내놓았는데 멀리서 히노끼 숲을 바라보면 붉은 피가 솟아오른 기둥들이 땅에 뿌리를 박고 있는 느낌이다. 이 나무의 검붉은 표면이 등신불의 피부와 묘하게 닮았다. 석순, 히노끼 기둥, 등신불 모두 땅 아래에서 솟아오른 것인데 사람 마음에서 솟아오르는 것은 무엇이여서 세상을 괴롭게 보이게 하는 걸까.

부처님의 인연으로 일본 코마자와대학에서 부처님 공부를 하고, 우리 변재천 선생님을 만났다. 1년은 금세 흘러 어느덧 한국으로 돌아가야 했다. 달의 사막이라는 노래로 안녕하게 되었다.

옥처럼 맑은 달이 뜬 사막을 하염없이 걸으면 나그네 낙타 두 마리가 지나간다. 한 마리는 금궤를 안장에 얹고 또 한 마리는 은궤를 안장에 얹고 모래 언덕을 넘는다.

금궤에는 은 거북이, 은궤에는 금 거북이 쌍쌍이 붉은 매듭을 짓고 모래 언덕을 바라본다.

앞서 간 낙타의 안장 위엔 왕자님, 뒤이어 오는 낙타에는 공주님. 두 사람은 백색의 외투를 두르고 적막한 사막을 하염없이 걷는다. 두 사람은 어디로 가는 걸까?

어슴푸레 하늘이 밝아오고 달빛과 함께 발자취도 옅어진다. 최후의 낙타는 터벅터벅 모래 언덕을 넘었다. 그저 입을 다물고 모래 언덕을 넘었다.

이 사막이 타클라마칸 사막인지 어디 사막인지 알 수 없지만 앞으로 기약할 수 없는 만남에 대해 예언이라도 하신 것일까. 내가 한국에 돌아간 지 한 달이 채 못 되어 할아버지께서 돌아가셨다.

일본에 적응하랴 공부하랴 마음고생이 이만저만이 아닐 것이라고 염려하신 부모님께서는 할아버지께서 폐암으로 위중하시다는 사실을 귀국하고 나서야 알려주셨다. 이미 말기라서 손 쓸 도리가 없었고, 맑았던 정신은 하루가 다르게 흐려지셨다. 허공에 손을 허우적대시는 모습에 죽음이 이렇게 한순간에 오는 것이구나 하고 허망할 길이 없었다. 할아버지는 "가시내는 왜 안 오노" 하고 나를 계속 기다리셨다고 했다. 입국수속을 밟자마자 병실에 뛰어갔는데 나를 보더니 눈물을 뚝뚝 흘리시는 것이다. 투약으로 인해 오므렸다 펴기도 힘든 손가락으로 얼굴을 한참 쓸면서 "왔나" 하고 눈물을 닦으시는데 할아버지께서 눈물을 보이는 건 처음이라서, 그리고 내게 눈물을 보이는 건 처음이자 마지막이 되겠구나 하는 생각에 나도 왈칵 눈물이 났다.

설날, 말끔히 한복을 차려입고 절을 올렸다. 아픈 사람에게 절하는 것이 아니라고 하지만, 말끔한 차림으로 인사를 드릴 수 있는 기회가 다시없을 것이라는 생각이 들어서다. 손을 마주잡은 채 나를 바라보시는데, 그 눈동자에 나를 찬찬히 담아 저 십만억토를 지나 서쪽에까지 그 모습을 데려가시려는 듯했다.

내게 깃든 눈부처는 그날 이후로 점점 세상을 보는 눈이 흐려지시더니 끝내 서방정토에 눈이 맑게 뜨이셨다. 한 학기가 어떻게 흘러갔는지 모르겠다. 정각원에서 좌선을 해도 들뜬 마음이 좀처럼 가라앉지가 않아 학기가 마무리되는 대로 그해 여름 일본 간사이 지방에서 한 달간의 사찰순례를 시작하였다. 나는 〈달의 사막〉에 나오는 그 낙타처럼 그저 입을 다물고 걸었다.

나라(奈良)의 흥복사(興福寺)에서 오층탑을 배견했을 때의 일이다. 오층탑을 마주하고 작은 바구니를 끌며 탑 앞에 다가서는 할머니가 계셨다. 포대기에 감겨진 바구니엔 돌들이 꽤 들어 있었는데 할머니는 한 걸음 걸을 때 돌을 줍고, 한 걸음 내딛을 때 그 주운 돌을 탑 쌓듯 쌓고, 다시 한 번 걸음을 뗄 때 바구니에서 돌 하나를 꺼내 던지고 또 한 걸음 걸어 돌을 주웠다. 돌을 줍고, 돌을 쌓고, 돌을 꺼내 던지고, 다시 줍기를 반복하며 점점 오층탑으로 가까이 걸어갔다. 더 이상 가까이 갈 수 없을 정도로 가까워지자 할머니는 합장배례 하더니 돌을 던지기 시작한 지점으로 다시 되돌아가시는 것이다.

마치 밀물 썰물 움직임을 따라 게가 뒤뚱뒤뚱 발을 앞으로 뒤로 몸을 사리듯이 더 이상 나아갈 수 없는 곳에 이르자 다시 돌을 던지기 시작한 원점으로 걸어 돌아가시더니 돌을 던지며 오층탑에 다가가기 시작하셨다. 할머니는 주름진 호두처럼 단단한 몸을 하고 있었다. 등이 꼬부라져서 걸음걸이도 주춤거리시지만 나라의 사슴들이 땅거미가 질 무렵 무리를 짓고 흥복사 처마 그늘 아래에서 안식을 취할 때도 할머니는 그저 묵묵히 돌을 던지고 쌓고 탑을 배례하기를 반복했다. 흥복사 근처에서 묵고 있었던 나는 햇빛이 나기 시작한 때부터 노을이 지기까지 매일 꾸준히 이 돌 던지기를 하는 할머니가 신기해서 나라에 있는 일주일 내내 오전엔 흥복사에 들리고, 일정이 다 끝난 저녁 무렵엔 흥복사를 한 바퀴 돌고 내려왔다.

할머니는 정말 꾸준하게 하루도 거르지 않고 돌을 던지고 합장 배례를 하셨다. 무엇을 기도하시는 걸까. 멀리서 보면 달팽이집마냥 웅크린 모습으로 미동도 없어 보이는데, 그 등에 어떤 포대기를 업고 있는 걸까. 그 포대기엔 돌덩이가 가득 들어 있다. 포대기가 꾸물꾸물 돌탑을 쌓는 모습은 꼭 삼도천 앞에서 돌탑을 쌓는 아기가 생각나서 이 사연 있어 보이는 이를 구해줄 지장보살이 나타나줬으면 하고 안타까워했다. 나는 이런 할머니를 안타깝게 생각했는데 실은 이런 생각을 하는 내가 부처님 공부가 덜 된 사람이었다. 나중에야 이런 사람이 지장보살께서 찾아오셔도 아무 얻을 것이 없다는 것을 알았다. 그녀는 아미타불께서 데리러 오시는 날에도 여전히 그날처럼 돌을 줍고 돌탑을 쌓고 있으리라. 여전히 그날 그 모습 그 자세로 오층탑 앞에 손을 모으고.

그녀는 흥복사의 오층탑 앞 외에 돌아다니지 않았다. 한결같이 돌을 줍고 돌탑을 쌓았다. 마음이 돌아다니지 않으면 자연히 수처작주隨處作主하게 된다는 것을 몸에 익힌 사람이지 않았을까.

관 속에 할아버지의 몸을 뉘기 전, 당신의 딱딱하게 굳은 몸의 살결을 본 이후부터일까 죽음에 대한 생각이 더욱 깊어져 그 괴로움이 얼굴에 고스란히 나타나있었다. 나는 어디에서 왔고 어디로 가는가? 이런 고민은 누구나 가지는 것인데 나는 이 고민을 내려놓기가 쉽지 않았다.

임제종 대덕사 소속의 대선원大仙院에 발을 옮겼다. 봉래산에서 흐르는 정원의 폭포는 대해大海로 나가 두 개의 모래섬을 돌았다. 섬의 뿌리는 동자의 볼에 난 보드레한 솜털처럼 나긋나긋하여 바다와 경계가 없고, 만월처럼 원만하여 그 빛을 사방에 분산하되 여전히 봉긋한 형태를 유지했다. 아니, 두 섬이 있는 곳이 대해일까, 혹은 담청 하늘이 맑은 호수를 거울삼은 걸까. 두 섬 너머 담장에는 수양벗나무, 뜰 앞에는 통조화가 살포시 몸을 숨기고 있었다. 모래섬 주위로는 헤아릴 수 없는 파도의 그림자와 물길의 흔적과 해를 거듭하며 주름진 돌과 돌의 부스러기와 햇볕에 탄 돌 가루 냄새와 바람에 실린 무궁화의 흙냄새가 났고 내 옆에는 한없이 아름답다는 말을 되뇌는 노승이 있었다. 인성염불을 하듯이 아름답다, 아름답다, 자신의 숨이 작아져 끝내 제 목소리가 들려오지 않을 때까지 읊조렸다.

그 아름답다는 말은 나를 두고 한 이야기였는데, 그는 새치름하게 허리를 숙인 여름날 무궁화처럼 허리가 굽은 노승이었다. 무더위 아래 쉼 없이 걸어 땀과 먼지로 범벅이었던 내게 참 어울리지 않는 말이다. 노승께서는 옷깃을 여미며 물었다. "아가씨는 몇 살인가요? 아아 아직 어리구나. 아직 결혼 안 했지요? 나도 아직 안 했답니다. 음 그런데 나랑은 아무래도 무리일까나?" 하셨다. 농담이신지 첫눈에 반했다며 결혼을 넌지시 묻는 노승께 나는 어떤 답이 적당할지 몰라서 머리를 굴리느라 애를 먹고 있었다. 죽음에 대한 고민도 저 질문에 일시 정지되어서 눈앞의 스님 외에 보이지 않았다. 우중충한 얼굴 표정도 저 깜짝 질문에 놀라서 얼굴 근육이 제멋대로 놀았다.

고개를 돌리니 노승께서 활짝 웃고 계셨다. 불단 앞에 은은한 미소를 피우고 계시는 부처님이 이를 내고 웃으신다면 이런 표정일까. 나도 웃고 말았다. 부처님께 절을 하며 한참 고민인 것, 그 고민 때문에 너무 힘들다고 하소연을 하다가 문득 고개를 들어 부처님 얼굴을 바라보았을 때 그 은은한 미소를 보고 픽 웃음이 난 적이 있다. 부처님의 미소를 따라 그저 입매가 올라가는 것이다. 나무의 꽃을 보면 상호相好를 아름다운 꽃처럼 원만히 하라는 말씀 따라 부처님의 얼굴을 보고 웃으며 부처님의 얼굴 매무새를 닮아가는 것인지.

노승께서는 처음부터 대답이 없는 질문을 던져서 나를 죽음에 대한 슬픔에서 벗어나게 해주셨다. 머리 굴려서 나온 대답은 기껏 '저는~'이라는 어투로 그것에 대답하는 나에서 벗어날 수 없었다. '어디에서 왔고 어디로 가는가?'라는 고민은 그것을 고민하는 나로

부터 왔다는 것을 알게 되었다. '난 것이 없는데 가는 것이 있겠는가?'라는 질문을 뒤늦게 이해하였다.

할아버지의 죽음, 지장보살과 돌탑을 쌓는 아이, 등신불, 오층탑 앞에서 돌 던지는 할머니는 나의 인식에서 끊임없이 재구성되고 나는 그 이미지에 붙들려 괴로워했다. 이것은 마음 밖에서 들어오는 것이 아니라 실은 마음의 물결에 불과한 것이었다.

호수에 벚꽃이 비추었다고 해서 물 위에 피어난 벚꽃을 딸 수 있을까? 손을 대면 소매가 젖고 벚꽃은 흩어진다. 모든 만남이 이렇다. 그러나 물을 찰랑이면 곧 울렁이며 흩어져버리는 벚꽃일지라도 그 아름다운 자태를 즐길 수 있는 것도 삶의 기쁨이다. 또 호수에 벚꽃 나뭇가지가 드리워지지 않았다면 어떻게 벚꽃의 무상함을 알았을까. 내가 부딪혔던 죽음에 대한 이미지들이나 변재천 선생님, 오층탑의 할머니, 대선인의 노승이 이 벚꽃과 같았다. 벚꽃은 여름도 가을도 겨울도 아닌 봄이 되면 피듯이, 이들은 시절을 기다려야 나타나는 인연이었다.

나는 사찰순례를 시작하기 전 죽음이란 무엇인가에 대한 고민을 정리할 수 있으리라는 자신이 없었다. 다만 이제는 이 고민을 진지하게 생각해볼 시기가 왔다고 생각했고, 좋은 인연이 나타나 나를 도와줄 거라는 믿음을 가지고 출발하였다. 나의 나이, 시절에 걸맞은 고민과 그에 걸맞은 인연을 만날 수 있으리라는 믿음은 실제로 위와 같은 인연들을 만날 수 있도록 이끈다. 나를 도와줄 인연을 간

절히 구한다고 해서 반드시 구해지는 것은 아니지만 구하기조차 하
지 않으면 만날 수 있었던 귀한 인연을 만날 기회조차 사라지고 믿
음도 잃게 된다.

신란親鸞(1173~1262) 스님은 "만나게 되면 헤어지기 마련입니다. 그
것이 이 세상의 정해진 바이지요. 혹시 제가 생각나시면 '나무아미
타불'을 외우십시오. 저는 그 속에 살고 있습니다"라고 말했다. 좋은
인연을 맞이하기를 기원하며 나무아미타불, 나무아미타불을 마음
속으로 보내면 어느 샌가 모르게 좋은 인연이 눈앞에 와있다. 마치
저도 모르게 손톱에 구름이 뜬 것처럼.

희망을 가져라

희망의 결과는 행복이니라

저 새들까지도 언제나 바라면서

그 희망에 충만해 있으니

비록 그것은 멀고 오래더라도

끝내 희망은 이루어지리라

— 본생경

3부

불법에 들다

고난은
도약과 성장의
기회가 된다

———

문수동(가명)

불행의 열차

다시는 기억하고 싶지도 않은 지난 시간을 떠올려본다. 지난 육십 평생에 있어 가장 어리석었고 가슴 아팠던 고통스런 시간. IMF사태를 겪어오면서 세상살이가 참 쉽지 않았다. 그땐 누구라도 그러했지만 자신의 뜻과 무관하게 일어난 사건 사고의 재해로 불행을 당하는 사람도 많았다. 모진 놈 옆에 서있었을 뿐인데 대신 벼락 맞은 사람도 부지기수였지만 반대로 성공한 사람도 많았다. 그로 인해 나는 불행의 열차에 실려 이승에서 지옥세계로 불리는 교도소에 들어오게 되었다. 일 년 이 년도 아닌 이십 년이란 형량을 선고받았다. 재판이 진행되면서 사실이 아닌 부분에 대해 부당함을 호소도 해보았지만 결국 이십 년이란 형량은 변하지 않았다. 십 수 년이 지난 지금, 지나온 시간을 되돌아보면 무기형보다 이십 년형을 받은 것이 다행이라는 생각이 든다. 당시는 이십 년 형량보다 무기형이 더 빠르게 출소할 수 있었을 때였지만, 지금은 뒤바뀐 형국이 되었기 때문이다.

결국 나는 굴곡진 삶의 의혹을 풀어보고자 불교에 입문했다. 그것은 '행운'이라는 말 말고는 설명이 되질 않는다. 지금은 모든 것이 무너져내린 상황이지만 천만다행으로 불법을 만나 반성의 삶과 참회의 삶을 이어가고 정법으로 바른 삶을 살아가는 중이다. 조금은 정신적으로나마 성숙한 삶을 살아가려 노력하는 것이 얼마나 다행인지 모른다. 처음엔 무죄를 주장하며 항소도 하고 상고도 했지만 불법을 만나 부처님 공부를 하면서 모든 결과가 인연에 의해 열매를 맺는다는 사실을 깨닫게 되면서 모든 현실을 받아들이게 되었다.

사고 당시 마흔다섯이었던 나는 그동안 살아오면서 가장 어리석은 선택을 하였다. 불혹을 훨씬 넘은 나이였고 옳고 그름이 무엇인지 알만한 나이임에도 불구하고 그런 어리석은 선택을 하였다는 것에 내 자신이 너무 미웠다. 1심과 항소심이 끝나고 대법원 상고차 부산교도소에 잠깐 머물게 되었다. 상고심에서 마지막 희망이 무너지고 절망감에 몇 개월 아무런 생각 없이 시간을 보냈다. 손에 잡히는 대로 독서를 하면서 시간을 보냈다. 절차에 떠밀려 미지정 거실에 배방되었고 공장 출력을 신청하여 책상 의자를 만드는 공장에서 교도소 생활을 시작했다.

정상적인 교도소 생활이 시작되면서 지난 일에 대한 후회와 함께 미래에 대한 걱정이 고통으로 밀려왔다. 억울하게 돌아가신 피해자에 대한 죄책감과 앞으로 다가올 가족의 생계문제까지 모든 일들이 비수가 되어 내 가슴을 후벼 파는 듯 고통스러웠다. 아내를 비롯하여 처가식구들과 형제들은 혹시나 재판 결과에 따른 실망감에 무슨 일이라도 벌어질까 싶어 접견을 자주 오고 위로의 편지도 보내왔다. 아내는 생계를 위해 직장을 다니면서도 일주일에 한 번씩은 접견을 와주었다. 아내는 나를 위로하고자 "하늘도 우리 사이를 질투해서 갈라놓으려 장난을 친다"거나 "자기야 나는 도망을 가지 않을 테니 걱정하지 마" 하며 자주 나를 달래곤 했다.

언제나 팔베개를 해야 잠을 청했던 아내에게 나는 미안한 마음에 혼자 있으니 외롭지 않냐고 물으면 아내는 요즘은 외로울 시간도 없다는 말로 일갈했다. 그만큼 생각도 복잡하여 잠을 설치고 직장에서 늦게까지 일을 해야만 한다는 것이다. 또한 평소 글 쓰는 것을 보지 못했던 아내가 매주 편지 한 통을 보내왔다. 아내가 글을 잘 쓴다는 것을 결혼생활 20년이 넘어서야 처음 알았다. 꾸밈없이 있는 그대로의 생각을 적은 아내의 편지는 감동이었고 그런 아내의 편지는 나에게 인고의 시간을 견디는 데 큰 힘이 되었다. 아내는 지금까지 십 수 년을 직장을 다니면서 몇 군데 직장을 옮겨야 했다. 나에게는 마음에 상처를 입을까 말을 하지 않았지만 남편이 감옥에 있다는 사실이 소문으로 퍼질 때는 힘든 시간을 보내야 했기 때문이다. 그럼에도 불구하고 한 번 불평 없는 아내를 보면 미안하고 감사했다.

사회편견에 숨죽여 살아가는 가족들의 고통이 얼마나 고통스러운지 나는 최근에 방영된 드라마 〈하나뿐인 내편〉을 보면서 가슴 절절히 느낄 수 있었다. '범죄자의 자녀'라는 낙인이 찍힌 채 성장기를 보내며 정서적 어려움을 겪는 자식들을 생각하면 잠이 오질 않았다. 수형자 자녀는 자신의 울타리였던 부모와 이별하는 아픔만을 겪는 게 아니었다. 남편이 지은 죄로 직장을 여러 번 옮겨야 했던 아내를 생각하면 너무너무 미안하고 감사하다. 아빠 없이 여동생을 결혼시키면서 수없이 곤란을 경험했던 아들은 번듯한 직장을 다니면서도 결혼을 미룬 채 나의 출소를 기다리고 있다. 이렇게 수형자 가족이라는 이유로 아내와 아이들마저 창살 없는 감옥에 갇혀 살아가고 있다. 다행히 사업에 성공한 친구들이 아이들 등록금을 낼 시기가 되면 매년 도움을 줘서 아내가 가정을 유지하는 데 큰 도움이 되었고, 아이들 역시 집안 사정을 생각해 아르바이트, 근로장학금으로 대학을 졸업하여 취업에 성공할 수 있어 얼마나 감사한지 모른다. 나는 진정 소중한 것이 무엇이고 그동안 중요한 것을 놓치고 헛되게 살아온 것이 무엇인지 깨닫게 되었다.

이렇게 시작한 교도소에서의 생활은 지금까지 살아온 내 삶을 돌아보는 계기가 되었다. 공장에 출력하자마자 각 종교의 구역장들은 신입인 나를 찾아와 종교를 묻기도 하고 자신들의 종교에 들어

오기를 권하기도 했다. 그래도 어머님과 함께 살아오면서 가끔 들어본 부처님 말씀과 장모님의 권유로 장모님이 다니는 동네의 작은 사찰에 다녀왔던 단 한 번의 인연이 있어 불교를 선택하였다. 그렇게 나는 교도소에서 처음으로 법회를 가게 되었다.

나는 그곳에서 놀라운 일을 겪었다. 법회의식을 보면서 수형자들이 부르는 찬불가 소리가 내 마음에 장엄하게 다가왔고 나는 자신도 모르게 주체할 수 없는 눈물을 흘리고 있었다. 옆 사람이 볼까 마음을 추스르고자 애써 보았지만 하염없이 흐르는 눈물은 감당할 수 없었다. 법회를 마치고 공장으로 돌아오면서 법회 시간에 흐르는 눈물의 정체를 떠올려 보았다. 내 몸 어딘가 그토록 한없는 눈물 보따리가 있었단 말인가. 부모님이 돌아가실 때도 그렇게 눈물을 보이지 않았던 나였다. 그동안 억눌려있던 가슴이 뻥 뚫리는 시원함도 느꼈다. 업장이 녹아내리는 기분이었다. 지금 생각해보면 그 눈물은 참회의 눈물이었고, 그 기쁨은 법열감에 따른 환희심이었다. 나는 그곳에서 부처님의 음성을 들었던 것이다.

재판을 시작하면서 그때까지 구치소에 있는 책, 집에서 보내준 책으로 독서에 푹 빠져 있던 나는 불교서적으로 눈을 돌렸다. 제일 먼저 읽은 경전이 교도소에 비치되어있던 빨간 표지의 《지장본원경》이었다. 일반인들이 읽기 쉽게 풀어놓은 책이다. 어렵지는 않았지만 책의 서문에서 백독을 권했기에 백 번을 읽기로 결심하고 실천에 옮겼다. 처음에는 하루에 일독이었는데 열독을 지나면서는 한 권

읽는 데 2시간 30분 정도 시간이 소요되었다. 그렇게 백독을 어렵게 마치고 경전만으로는 완전히 이해가 힘들어 큰스님들이 쓴 서적도 구입해서 읽고 교도소에 지급되는 법보신문을 비롯하여 여러 불교신문과 각 사찰에서 보내주는 간행물도 빠짐없이 읽었다.

나는 지난 시절 '신을 믿느니 나 자신을 믿겠다'는 단순한 사고와 열심히 노력하면 풍요롭게 잘 살수 있다는 생각만으로 살아왔다. 또한 학교에서 배우는 도덕과 윤리만 잘 실천하면 된다는 짧은 소견으로 살아왔다. 그러나 세상은 그렇게 호락호락하지 않았다. 이렇게 큰일을 겪게 되면서 세상은 수많은 일들로 얽히고설키어 돌아가기에 좀 더 근원적인 질문을 갖고 풀어나가야 할 것이란 생각을 하게 되었다.

부처님께선 왜 팔만사천 방편을 설하셨고 우리는 왜 이 세상을 사바세계라고 부르는가? 나에게 왜 이런 고난과 시련이 몰려왔고, 우리는 진리를 등진 채 헛되고 무상한 세계를 참된 세계인 양 집착하며 살아가고 있었던가? 서서히 의문이 생기며 눈이 떠지기 시작했다. 지난 모든 일들이 한심스러웠다. 그리고 부끄러웠다.

부산교도소에서 두 달을 보낼 즈음에 초범이라면서 당시 초범교도소인 진주교도소로 이감이 되었고 진주교도소는 나의 본소가 되었다. 진주에 가자마자 불교법회에 다니면서 법당 책장에 비치된 불교경전과 스님이 쓰신 책들을 골라 읽었다. 또한 각종 불교신문을 놓치지 않고 읽었고 중요한 내용은 스크랩을 하여 반복해서 읽기도

했다. 당시 진주교도소에는 불교거실이 두 곳이 있었다. 나는 그곳에서 부처님 공부를 하는 수형자들이 몹시 부러웠다.

삼천배 규칙

혼자 독학으로 공부하는 것보다는 여럿이 함께 공부하면 공부도 더 잘될 것 같았고 아침저녁으로 은은하게 들려오는 목탁 소리가 너무 좋았다. 또한 법회시간에 예불을 수형자가 진행하는데 그 모습이 부러울 정도로 좋았다. 나는 언제 저렇게 할 수 있을까? 생각이 많았던지 가끔은 승복입고 걸망을 둘러멘 꿈을 꾸기도 했다. 법회에 나가 법당에서 책을 빌려보면서 1년을 지날쯤 수형불자회 봉사원으로 있는 친구를 통해 불교거실에 와서 한번 제대로 공부해보는 것이 어떻겠느냐는 권유를 받고 나는 기쁜 마음으로 불교거실로 전방하게 되었다. 드디어 나에게도 기회가 온 것이다.

처음부터 각오를 단단히 했기에 불편 없이 불교방의 생활을 할 수 있었다. 거실의 8명 도반들은 새벽 4시에 기상하여 순서대로 깨끗이 몸을 씻고 거실의 상단에 마련된 관세음보살님 상에 감로수를 따르고 다함께 백팔배를 기본으로 올린다. 어떤 도반은 삼백배를 하기도 하고 주말에는 출력을 하지 않아 여유가 있어 천팔십배를 하거나 삼천배를 하는 경우도 자주 있었다. 백팔배를 마치면 새벽 6

시쯤 아침예불을 모시는데 8명의 도반들이 매주 한 명씩 돌아가며 법주를 했다. 예불을 진행해야 했기 때문에 내림목탁 연습부터 행선축원문을 외워야 했다. 《반야심경》은 기본이고 〈칠정례 예불문〉 《천수경》까지 외워야 했다. 매일 예불을 모시다보니 한 달 정도 지나면서는 자신도 모르게 외워졌다. 만약 예불 모실 때 실수라도 하게 되면 그날의 법주는 주말에 삼천배 참회를 해야 하는 벌칙까지 정해놓고 열심히 공부하는 모습들이 너무 보기 좋았다.

신입이 오면 한 달 이내에 삼천배를 하는 것이 규칙으로 되어 있어 특별한 사정이 없는 한 대부분 삼천배를 했다. 교도소 환경은 사회의 수많은 문제들이 압축되어 있는 곳이다. 항상 좋은 마음을 유지하는 것이 결코 쉽지 않았다. 매일매일 매순간을 희로애락의 감정 속에 휘말려 때로는 웃으며, 때로는 울먹거리며 살아가고 있다. 마음공부가 필요한 이유다. 교도소에서의 연중 불교행사에는 사월초파일 봉축행사와 불교퀴즈대회, 독경대회, 찬불가대회, 그리고 스님들께서 주관해주시는 천도재까지 치르면서 많은 공부를 한다.

불교봉사대를 맡고 있는 도반들은 이런 행사를 원만히 진행하기 위해 다른 불자들보다 과외로 더 많은 공부를 해야 하고 더 많은 경험을 하게 된다. 나는 운이 좋게도 불교거실에 들어가 불교 일을 맡게 되면서 열심히 공부를 했다. 삶에 대한 진정한 공부이기에 더욱 신이 났다. 독경대회에서는 수백 명의 대중 앞에서 목탁을 치며 나 홀로 염불을 해야 하기 때문에 달달 외우지 않고는 해낼 수가 없었다. 매년 이런 행사를 이끌어 가다보면 반은 스님이 되어야 했다. 덕분에 《천수경》을 비롯해 《금강경》《아미타경》〈화엄경약찬게〉〈법화경약찬게〉〈혜연선사발원문〉까지 외울 수 있었다.

몸과 마음이 어수선할 때, 또는 부모님의 기일이나 피해자의 기일에는 주말을 기해서 삼천배를 하며 참회를 한다. 어느 날 갑자기 삼천배를 하면 다리에 쥐가 나거나 무릎에 무리가 가기 때문에 매일 천배를 일주일 정도 한 다음 삼천배를 해야 무난히 마칠 수 있었다. 나는 삼천배를 통해 건강과 수행 두 마리 토끼를 다 잡을 수 있다고 자부한다. 힘들었지만 일일 만배에 도전해본 것은 내 인생에 너무 좋은 첫 경험이었다. 그 후로도 두 번을 더 일일 만배에 도전하면서 만배 절수행이야말로 마라톤 42.195킬로미터보다 더 차원 높은 수행임을 느낄 수 있었다.

나의 수행도량

일일 만배의 절 수행은 나 자신의 의지력을 향상시키는 데 크게 일조했다. 중간에 식사를 할 수 없기 때문에 기력이 떨어지면 우유나 두유로 대신했다. 탈진에 대비해서 약간의 소금과 물을 마셔가며 했다. 제일 힘들었던 것은 잠이 쏟아지는 것이었다. 그럴 때면 함께 생활하는 도반들이 응원과 함께 큰 도움을 주었다. 혹독히 자신을 담

금질하는 데는 이만한 수행방법이 없다는 것을 깨닫고 출소 후 일일 만배 백일기도를 해보자고 스스로에게 다짐을 했다.

이렇게 불자로서의 삶이 하루하루 축적되면서 매일매일 거울을 보면서 얼굴이 밝아지는 것을 볼 수 있었다. 더욱 놀라운 것은 어떤 일들이 내가 생각한 대로 술술 풀려간다는 것이었다. 늘 마음에 부담이 되었던 가정의 생활비 문제와 아이들의 학자금, 그리고 대학졸업 후 취업, 결혼까지 내가 염원한대로 풀려가는 것이 신기하기도 했다. 아내는 가정에 좋은 일이 생기면 나에게 하루라도 빨리 알려주기 위해 접견을 왔다. 나는 모두가 부처님 덕분이라고 조심스럽게 말하곤 했다. 그뿐만 아니라 교도소 생활 속에서도 일상의 바람이 생각대로 이루어지는 것이 신기하기도 했다.

진주교도소에서 10년을 불자로서 생활을 하고 나는 이곳 청주교도소에 기계기능장이 되기 위해 이감을 신청했다. 기계기능장 과정은 전국 교도소에서 청주교도소 한곳에만 있어서 이 과정에 들어오기가 쉽지 않았다. 기능장은 기능계 최고의 자격이라 선택되기가 결코 쉽지 않은 일이었다. 청주교도소에 이감을 오자마자 수형불자봉사원을 맡게 되고 지금까지 6년 동안 불교봉사원을 맡고 있다. 금년에 기능장시험으로 아우에게 위임하고 지금은 6년에 한번 있는 시험에 최선을 다하고 있다. 금년 3월에 필기시험을 무사히 통과하여 9월에 있을 실기시험에 대비하고 있다.

어디가나 교도소 생활은 마찬가지지만 안정된 생활이 되기까지는 어려움을 겪는다. 교도소 환경은 사회의 수많은 문제들이 압축되어 있는 곳이라 항상 좋은 마음을 유지하는 것이 결코 쉽지 않았다. 좋은 마음은 잠시고 돌아서면 욕설이 담긴 대화가 절반이었다. 행복보다는 불행, 긍정보다는 부정이 일상 생활환경이다 보니 다툼이 자주 보이고 자연적으로 교도행정은 질서를 유지하고자 강압적으로 진행되는 게 일반화 되고 있었다. 선진교도행정은 어느 한쪽만 노력해서 되는 것이 아니라 수형자와 교정공무원 모두가 함께 노력해야 한다. 이곳의 수형자들은 좁은 담장 안에서 원증회고怨憎會苦와 애별리고愛別離苦를 몸소 겪으며 살아가고 있다. 마음대로 떠나고 싶다고 떠날 수 없으니 참고 살아가야 한다. 하지만 한 생각 바꿔보면 이곳이야말로 세상 어느 곳보다 더없이 좋은 수행 장소일 것이라 생각했다. 교도소는 떠나는 사람과 남은 사람이 함께 만날 수 있고 먼저 온 사람과 나중에 올 사람이 친구가 되는 곳이기도 하다. 인연의 연결지점이며 수행도량인 셈이다. 교도소는 배움이 있는 학교요 수형자는 학생이며 숙식 해결은 물론 검정고시, 학사고시까지 응시해주고 배움의 기회를 주니 한 생각 돌려보면 우리는 국비장학생이라고 볼 수 있다. 또한 출소 후 취업을 대비해 각종 기술을 가르치는 훈련소이기도 하다. 교도소는 우리에게 고통을 주는 곳이 아니라 새로운 출발을 돕는 기회를 주는 곳이다.

부처님의 가르침으로 삶의 지혜도 배우고 기술도 배우고 백세시대
와 4차 산업혁명시대에 걸맞은 컴퓨터 프로그램기술인 3D모델링과
3D프린터, 웹디자인 기술까지 배움을 지원하고 있다. 나는 물에 빠
진 김에 진주조개라도 줍자는 생각으로 기술을 배우고 경영학독학
사까지 도전하고 있다. 백세시대 칠십까지는 경제활동을 해야 하기
에 육십이 넘은 나는 공부를 포기하지 않고 오늘도 정진하고 있다.
기술을 가진 사람은 정년이 없다는 것이 요즘의 사회 현실이다. 기
술이 있으면 취업이 잘 되고 취업이 되면 돈을 벌어 경제적 안정을
갖게 되고 행복한 가정도 꾸려 다시는 이곳에 들어오지 않게 된다.

　20년형을 선고 받고 17년차를 살아오면서 내 삶의 문제를 해결해
보고자 불교를 선택하여 부처님의 가르침을 통해 나는 고난과 역경
은 사람들에게 견디기 어려울 정도의 고통을 주지만, 한 생각을 바
꾸어보면 더 크고 위대한 일을 이룰 수 있는 동력이 된다는 것을 깨
달았다. 물론 고난은 위대한 일을 해낸 위대한 사람들에게만 주어지
는 것은 아니다. 아무리 평탄한 삶을 살아가는 사람이라고 해도 어
김없이 힘든 시기를 보내게 된다. 어떻게 이겨내고 살아가는지에 따
라서 그 사람의 삶은 달라지는 것이다. 부처님 공부를 통해서 나는
고난이 주는 의미를 명확히 깨달았다. 고난을 통해 사람들은 어려
움을 이겨내는 인내, 스스로를 낮추는 겸손, 주어진 작금의 현실을

뛰어넘어 더 높은 이상을 추구하는 비전을 얻게 되리라 믿는다.

지금 이 순간에도 여러 가지 감당 못할 것처럼 보이는 사유로 인해 죽음을 꿈꾸고 또 그것을 실행하는 사람들이 있다. 그들에게 절실한 마음으로 알려드리고 싶다. 누구에게나 고난은 온다. 하지만 인욕정진하면 고난은 도약과 성장의 기회가 될 것이라고. 고난의 주위에는 수많은 기회가 도사리고 있다. 그럼에도 어떤 고난을 당하더라도 인욕정진 한다면, 그 고난을 디딤돌 삼아 도약과 성장을 할 것이라고 믿는다.

일념으로 정진하는 하루

박우진(가명)

세 아이의 아빠고 가정을 위해 노력하던 평범한 사람이었다. 애들 엄마의 부정한 짓거리를 알고 난 뒤 이성의 끈을 놓아버려 살인자라는 멍에를 쓰고 지금은 복역 중이다. 종교 없이 생활을 하던 사람이 교도소에서 불교에 귀의한 것은 내 자신을 제대로 알아보고 싶어서였다. 사건이 일어나고 교도소에 수감되어 무너진 마음과 피폐해진 정신 상태로 하루하루 무의미하게 보냈다. 오로지 극단적인 생각으로 죽는 방법만 찾고 있을 때 어느 날 TV속에서 방영되는 개그콘서트를 우연히 보게 되었다. 괴롭고 슬픈 내 마음과는 달리 얼굴은 웃고 있는 것을 깨달았다. 처음에는 웃는 내가 이해되지 않았다. 세상이 무너진 것처럼 오로지 죽겠다는 생각으로 하루하루를 보내던 내가 TV를 보면서 웃고 있다니. 그러면서 생각에 생각을 하다 보니 내고 살고 싶은 것이구나 생각을 하게 되었고 내가 왜 여기로 올 수밖에 없었나 고민하다 보니 자연스레 불교집회로 걸음이 옮겨졌다.

처음에는 설법하시는 스님들의 말씀을 하나라도 놓치지 않겠다고 집중하고 경청하였다. 그러나 시간이 지나가면서 내 귀에 들리는 스님의 말씀은 자장가였고 불교집회 시간은 잠자는 시간이 되었다. 비록 집회가 끝나면 후회하고 용서를 구하곤 했지만 원하는 것이 있어 매주 빠지지 않고 참석했다. 적응이 되자 불교 행사에 조금 더 적극적으로 참여하고 싶어서 찬가대에서 노래를 부르고 싶다고 의사를 전달했더니 불교담당 허락이 떨어졌다. 원래 나는 모르는 사람들 앞에 서는 것을 무서워해 목소리도 제대로 나오지 않는데 불교에 매달려 내가 살아있다는 것을 표현하고 싶었나 보다. 너무나도 기분이 좋았다. 더 좋은 것은 찬가대가 되면서 교리 공부도 하게 된 것이다.

진표 스님께서 해주시는 말씀에 큰 도움을 받았지만 의욕을 일으키고 불교를 제대로 알게 이끌어주신 분은 불교교리 공부를 가르쳐 주신 혜민 스님이셨다. 서울에서 광주까지 내려와서 겨우 1시간 가르치고 가시는데도 열과 성을 다 하시는 것이 너무도 고맙고 감사했다. 불교에 대해 아무것도 모르던 내가 불교공부하면서 석가모니 부처님에 대해서 조금 더 알게 되었고 지장보살님 관세음보살님 등 여러 보살님들에 대해서도 알게 되었다. 스님께서 하신 말씀 중에 노느니 염불하란 소리에 입에 잘 붙지도 않던 지장보살님을 찾고 관세음보살님을 찾고 석가모니 부처님을 옹알이처럼 불렀다. 특히나 마음이 너무도 괴롭고 아플 때 그리고 사건 당시가 생각날 때마다 지장보살님 관세음보살님을 찾았고 석가모니 부처님을 부르며 "잘못했습니다. 잘못했습니다. 잘못했습니다" 하면서 참회를 했다. 처음에는 스님께서 하라고 해서 시작했는데 지장보살님을 찾고 관세음보살님을 계속해서 찾다보니 마음이 편안해짐을 느꼈다.

그러던 어느 날 어머니께서 면회 와서, 내 얼굴을 보시면서 살아 있어 주어 고맙다고 하시길래 무슨 말이냐고 물으니 아는 지인 아들도 저와 비슷한 사건으로 구속되었는데 스스로 버티지 못하고 자살을 했다는 것이다. 그러면서 절대로 딴 마음먹지 말라고 당부하셨다. 알았다고 대답을 해드렸다. 남들은 내 속사정도 모르면서 눈에 보이는 것으로 욕하고 손가락질을 하더라도 언제나 자식을 믿어주고 염려하는 어머님을 보고 있자니 눈시울이 붉어졌다. "어머니 미안합니다. 잘못했습니다" 하면서 지장보살님을 계속해서 부르는데 내 손에 죽은 그 사람이 생각나고, 그 사람 어머님이 생각났다. 순간 울컥하면서 미안하다고 마음속으로 빌었다. 정말 정말 미안하고 잘못했다고 빌었다.

아직도 잘 모르겠다. 내 어머님을 생각할 때 왜 그 사람 어머니가 겹쳐서 생각났는지. 다만 그 사람이 죽어가면서 나에게 미안하다고 말했는데 그 말이 내 마음 속에 남아 있어서 그랬지 않았나 싶다.

보살님을 부르고 찾을 때마다 마음이 가라앉는 것을 느끼자 간절하게 지장보살님을 찾았다. 관세음보살님을 부르면서 아프고 고통스러운 슬픔에서 벗어나고자 몸부림을 쳤다. 그러자 내 원이 통하였는지 사건은 기억 속에 남아 있었지만 마음의 고통과 슬픔 그리고 아픈 마음은 점점 희석되어갔다. 더불어 불교방으로 자리를 옮겨 아침마다 백팔배를 하면서 참회는 더욱 더 깊어졌다. 마음이 편해지면서 여유가 생기자 '왜 이렇게 되었을까. 조금 더 좋은 길은 없었는지' 그런 생각을 자주 하게 되었다.

종교방에서는 새벽에 일어나 청정수를 올리고 백팔배를 한 뒤 찬물로 샤워를 하고 정갈하게 옷을 입고 아침 예불을 올리면서 하루를 시작한다. 내가 쌓은 공덕을 나로 인해 죽거나 고통받은 모든 이들에게 회향을 하고 지장보살님을 부르며 참회를 하고 용서를 구하면 살아가는 하루하루가 너무나도 밝고 좋다. 교도관이랑 대화를 하거나 재소자들이랑 대화를 할 때 항상 웃는 얼굴이고 평상시에도 얼굴에서 미소가 떠나질 않으니 주위 사람들이 나에게 좋은 일 있냐고 자주 물어온다. 생각 자체도 매사 부정적인 생각을 긍정적으로 생각하려고 하고 순간적으로 일어나는 화도 인내하고 너그럽게 포용하는 마음으로 바뀌어갔다. 그렇게 정말 즐겁고 재미있는 하루하루가 되어 마음에 평안을 찾아감에도 전처에 대한 원망과

원한은 쉽사리 풀어지지 않았고 용서가 되지 않았다.

　평안했던 내 가정을 파탄 낸 책임이 모두 전처에게 있다고 생각했다. 처의 부정한 행동을 알아채고 처에게 이제 그만 끝내고 가정으로 돌아오라고 말했더니 오히려 나를 의처증이 있는 정신병자로 몰아갔다. 다 포기하는 심정으로 나를 놔 달라고 사정하였고 제발 이혼해 달라고 애원했다. 워낙에 말 주변이 없었던 나는 무섭기만 한 처로부터 벗어나고 싶어 그만 이혼해 달라고 하였으나 처는 그럴 수 없다면서 나를 고립시키고 극한으로 내몰았다. 사방이 꽉 막힌 듯 빠져 나갈 길이 없다는 생각이 들었다. 다른 생각은 전혀 나지 않고 답답한 가슴에 숨 쉬기조차 힘들어 죽음밖에 생각이 나지 않아 혼자서 우는 날이 많았다. 정말로 미쳐버리는 줄 알았다. 그때 일로 인해 검은 머리가 완전히 백발이 되어버렸다.

　지금은 여기에 들어온 것을 오히려 감사하고 있다. 그때 당시 불안한 심리 상태로 밖에 있었다면 지인들에게 민폐를 끼치다 객사했을 거라고 생각한다. 교도소에서 불교를 접하고서 삶에 희망을 가졌고 나를 다시 돌아보며 생각할 수 있는 용기를 가졌다. 지장보살님 관세음보살님 석가모니 부처님을 수시로 부르면서 참회하고 용서를 구하며 나로 인해 고통 받고 슬픔 속에 있는 모든 이들에게도 참회하는 시간을 가질 수 있었다. 정말 고맙고 감사하다.

　처음 교도소에 들어올 때보다 지금은 마음에 응어리가 많이 풀어졌다. 하지만 아직도 처를 미워하는 마음을 알게 되면서 더 이상 미워하지 않으려고 한다. 상대방을 심하게 미워하면 죽어서 육도윤회할 때 미워하는 사람 곁에 붙어있게 된다는 말을 듣고 마음을 고쳐먹었다. 나는 죽어서까지 함께하고 싶지 않다.

　고통에서 벗어나고자 불교를 택하였고 살고 싶어 참회하며 지장보살님을 찾았다. 그럴 때 스님께서 가르쳐주신 방하착이란 화두에 끌리면서 여러 날 고민했다. 모든 것을 내려놓으란 스님 말씀에 처음에는 물질적인 것만 생각했다. 그러다 정신적인 것, 나의 고통, 나의 슬픔 등 마음속에 있는 것도 모두 내려놓으라는 말씀을 깨닫게 되자 얼굴에는 미소가 번지며 마음이 편안해졌다. 방하착은 나를 위해서 존재하는가 싶을 정도였다. 감사합니다. 감사합니다.

얼마나 행하고 있는가

솔직히 방하착을 알기 전에는 슬픔과 고통 속에서 벗어나지도 못했고 재소자들과도 사이가 원만하지 못해서 말다툼도 있었다. 싸움을 하다가 지게 되면 화를 누르지 못하고 어떻게 하면 보복할 수 있을까 궁리하기도 했다. 스스로는 생활을 잘한다고 생각하면서 살고 있었는데 아니었나 보다. 내가 하는 행동이 마음에 들지 않은 재소자가 지적을 하거나 일부러 시비를 걸어와 싸움을 하게 되면 말 주변이 없다보니 결국 내가 잘못한 걸로 되는 식이었다. 그래서 속앓

176

이를 많이 했는데 방하착을 알고 깨닫게 되면서 말싸움을 하게 되거나 재소자와 사이가 좋지 않으면 나에게 손해가 되더라도 모든 것을 내려놓고서 관망하는 자세를 취하였다. 손바닥도 부딪쳐야 소리가 난다고 했듯이 상대가 아무리 도발을 해도 전혀 응대를 하지 않으니 시비거리가 되지를 않았다. 그러면서 스스로 하나의 원칙을 세웠다. 봐도 못 본 척, 들어도 못 들은 척, 알아도 모르는 척 하면서 신경을 쓰지 않았다. 상대방과 대화를 하게 되면 내가 말하는 것보다 상대방 말을 끝까지 들어주는 쪽으로 마음을 정하고 생활하니 마음에 상처도 덜 받고 스트레스도 쌓이지 않았다. 평소에 행동하면서 감사합니다, 고맙습니다, 웃으면서 표현하니 주위에서도 긍정적으로 받아주었다. 이렇게 좋은 하루하루가 계속 이어지길 기원하면서 지장보살님 관세음보살님을 불렀다.

이렇게 마음에 평안이 찾아오고 삶에 활력이 생기니 교도소 생활이 편해졌다. 하지만 2015년 10월 광주교도소 사정으로 순천으로 이감을 간 뒤에 1년 정도 집회 참석을 못하면서 게으르고 나태해진 내 성격이 나타났다. 고통스러운 마음에서 벗어나고자 간절하게 불교를 찾았고 절망에서 벗어나고자 지장보살님, 관세음보살님을 찾았는데 환경이 바뀌었다고 편함을 추구하다니. 2017년, 2018년 포항에서 교육생으로 있으면서 불교집회에는 참석했으나 책을 읽으며 경전 공부는 못하였다. 불교책을 펼치고 두세 장 읽으면 눈꺼풀이 내려와 잠에 빠지기 일쑤고 머릿속에는 다른 생각으로 가득차서 도저히 집중을 못했다. 마음에서 우러나 불교를 접한 지 10년이 되어 가는데 전생에 업이 커서 그러는지 아니면 번뇌가 많아서인지 입문도 제대로 못하고 그저 수박 겉핥기식으로 알고 있었다. 그래도 광주에 있을 땐 불교방에 있어 회장이 가르쳐주고 하는 면학 분위기가 있었는데 지금은 떨어져 혼자 있다 보니 생활의 편함을 너무 추구하고 있구나 싶다.

불교는 행하는 종교라고 하는데 과연 나는 얼마나 행동하고 있는지 생각해본다. 하지만 절대로 불교를 떠나지는 않을 것이다. 비록 느리게 가고 있을 지라도 언젠가 트인다면 내가 원을 세우고 일념으로 정진하는 모습으로 하루하루를 맞이할 것이다. 나는 지장보살님과 관세음보살님을 간절한 마음으로 불러서 새로운 인생을 살게 되었다. 일심으로 지장보살님과 관세음보살님 그리고 부처님을 간절하게 부르면 새로운 삶이 펼쳐진다는 것을 꼭 말하고 싶었다.

교정교화전법단 바라밀상

모든 이에게
이익되는 사람

한지현(가명)

여섯 살 때로 기억한다. 어머니는 며칠째 밤을 꼬박 새우며 비단조각방석을 만드는 중이셨다. 손바느질로 정성껏 만드셨는데 그 속에 약간의 지폐를 넣고는 방석이 완성되었다. 나는 그 예쁜 방석이 내 것인 줄 알고 좋아했다. 하지만 어머니는 방석 주인이 따로 있다고 하시며 그 주인을 곧 만나게 해주겠다고 하셨다.

며칠 뒤, 할머니와 어머니와 함께 부처님오신날을 맞아 절에 갔다. 그리고 그곳에서 어머니께서 정성껏 만드신 방석을 부처님께 공양하시는 모습을 보았다. 그렇게 부처님을 처음 뵈었다. 나를 보고 미소 짓는 모습에 나도 따라 웃었고, 험악한 사천왕을 보고는 기겁하며 무서움에 울었던 기억이 아직도 생생하다.

어릴 적 경제적으로 부유한 집이었고 부모님과 할머니께서는 불교신자였다. 늘 사랑이 넘치는 행복한 가족이었다. 하지만 아버지의 잇따른 사업 실패로 결국 집에는 차압 딱지가 붙고 가족 모두 길거리로 나앉는 처지가 되고 말았다. 할머니께서는 충격을 받아 쓰러

지신 뒤 끝내 일어나지 못하고 돌아가셨다. 그 슬픔이 채 가시기도 전에 부모님은 가족의 생계를 걱정해야 하는 처지라 궂은일도 마다하지 않으셨다. 나와 동생들을 굶기지 않고 가르치려고 자는 시간도 쪼개가면서 열심히 일을 하셨다. 독실한 불교신자였던 할머니가 돌아가시고, 하루하루 사는 것조차도 힘드셨던 부모님은 절을 찾는 것조차도 엄두를 내지 못했다. 그 부분이 늘 마음에 걸리셨는지 집에서 새벽마다 열심히 기도를 하시는 부모님을 보면서 자랐다. 그런 모습을 보면서 저렇게 정성으로 기도하시는데 왜 부처님은 우리를 도와주시지 않고 이렇게 힘들게 살게 내버려두시는지, 그렇게 정성으로 부처님을 봉양하셨던 할머니를 왜 살려주시지 않았는지, 어린 마음에 원망만 가득했다. 그런 이유에서인지 학교를 다니게 되면서부터 우연히 친구를 따라 교회를 가게 된 것이 계기가 되어 그때부터 나의 종교는 기독교가 되었다. 성가대도 하였고 누구보다도 성실히 그리고 열심히 종교생활을 했다. 그런 나를 보고 어머니는 무척 못마땅해 하셨다. "우리 집은 할머니 때부터 종교가 불교인데 왜 너는 교회를 가는 거니?" 하는 핀잔을 들을 때면, 종교의 자유를 말씀드리기도 하였고, 그렇게 정성껏 모시는 부처님은 우리에게 무엇을 해주셨고 그렇게 정성껏 기도하시는데 기도를 들어주신 게 있느냐면서 볼멘소리를 하여 어머니의 마음을 아프게 해드리기도 했다. 그때마다 어머니는 "나의 업이 너무 두터워서 그런다" 하셨는데, 그때는 그 말씀이 무엇을 의미하는지조차도 몰랐고 또 알려고 하지도 않았다.

대학 1학년 때 국제기독학생연합회(ICSA)가 기독교 서클인 줄 알고 가입을 했는데 나중에 통일교 서클이란 걸 알고 탈퇴한 후 조금씩 종교와 내 믿음에 대한 회의가 생겼다. 신심이 부족한 탓인가 하는 갈등 끝에 무종교인으로 오랜 세월을 보냈다. 아버지 사업 실패 후, 가정형편이 어려워지고 모든 것이 힘들게 된 그때부터 나에게는 나쁜 습관이 생겼다. 힘들거나 고통스러워지고 상황이 안 좋아지면 그런 상황이 왜 생겼는지 생각해보려고 하지 않고 무조건 남 탓으로 돌리고 원망하는 것이었다. 아버지 때문, 어머니 때문, 동생들 때문, 때문, 때문에……. 대학 졸업 후 직장생활을 하고 사업도 하게 되었는데 열심히 하는데도 결과가 안 좋거나 힘들고 어려워지면 여전히 주위 환경과 여건을 탓했다. 승승장구 할 때는 '나의 능력 때문이야' 하는 오만함과 자만심이 가득했다.

그러다 언제부터인가 일이 잘 안 풀리고 힘들 때면 차를 몰고 생각할 시간을 갖고자 조용한 곳을 찾게 되었고, 그렇게 다니다가 저절로 발길이 머무는 곳은 뜻밖에도 사찰이었다. 오랜 세월을 외면하고 살았건만 대웅전에 앉아 부처님을 향해 합장을 하고 있노라면 알 수 없는 눈물이 하염없이 흘렀다. 그렇게 한참을 앉아있다 보면 가슴에 맺힌 것이 풀리는 것처럼 마음이 편해졌고 머리도 맑아졌다. 그 뒤로 이곳저곳 정해놓은 곳 없이 여러 절을 탐방하듯 다니면서 부처님을 뵙는 일이 종종 있었다.

집안의 가장으로, 아이들의 어머니로 평생을 몸 안 아끼시며 사셨던 어머니께서 2013년 파킨슨 진단을 받았다. 불쌍한 어머니께 왜 이리 가혹한 고통을 주시는 것인지, 정말 신은 계시는 것인지, 하늘이 무너지는 것만 같았고 모든 것이 원망스럽기만 했다. 완치는 안 되고 점점 증상이 심해지는 것을 억제하기 위해 약의 강도는 점점 강해졌고 강한 약 때문에 어머니는 식사도 제대로 하지 못하셨다. 아버지가 일찍 돌아가신 뒤 어머니는 장녀인 나에게 "넌 나에게 남편이고, 아들이며, 나의 전부이다" 하시면서 나에게 거는 희망도 기대도 크셨고, 아프신 뒤로는 더더욱 나에게 마음을 기대시고 의지를 많이 하셨다. 어머니의 고통을 나누지는 못하고 그저 더 악화되지 않게 되기만을 바라는 것밖에는 할 수 있는 게 없다는 것이 너무 슬펐다. 그러나 마냥 절망만 하고 슬픔에 잠겨있을 수는 없었기에, 아프신 어머니를 위해 내가 할 수 있는 것을 찾아야 했다. 그렇게 노인요양에 관심을 가지면서 요양원을 짓기로 결심하고 사회복지학 학사학위와 요양보호사 자격증을 취득하면서 10년을 목표로 열심히 앞만 보고 달렸다. 어머니도 그런 나를 누구보다도 지지하고 응원해주셨다.

그러던 중 2015년, 비켜가야 할 인연을 끊지도 비켜가지도 못한 나의 잘못으로 살아서 절대 와서는 안 되는, 살아서 겪는 지옥이라는 이곳 교도소에 갇히는 영어의 몸이 되고 말았다. 아프신 어머니를 돌봐드릴 수도 없게 되었다. 누구보다도 날 믿어주셨기에 그 믿음보다도 더 큰 실망과 충격을 드렸다는 것에 대한 죄책감과 모든 것이 한 순간에 무너진 것 같은 절망감, 살아있는 그 자체가 부끄럽고 사치라는 자괴감 때문에 생을 포기하려 했다. 그런데 접견을 오신 어머니께서 하시는 말씀이 "누가 뭐래도 난 너를 믿는다. 그러니 절대로 포기하거나 나쁜 마음을 먹어서는 안 된다. 꼭 살아야 한다. 네가 잘못되면 이 어미도 이 세상에 없다" 하셨다. 나를 원망하기보다는 오히려 내가 나쁜 마음을 먹을까 봐 걱정하시는 어머니를 뵈면서 "죄송해요, 정말 죄송해요"라는 말씀밖에 드리지 못했다. 잘못된 생각으로 어머니께 큰 불효를 저지를 뻔했다는 것을 깨달았다. 어머니는 이 못난 딸을 어떻게든 살려보려고 아프신 몸으로 이리저리 다니시며 연대탄원서를 받아서 재판부에 제출하셨고, 재판에 도움이 된다면 무엇이든지 하려고 안간힘을 쓰셨다. 그렇게 몸을 돌보지 않으시다가 아프던 허리가 악화되고, 수술이 급하다고 했는데도 딸의 일을 봐야 한다며 재판이 끝날 때까지 수술도 미루셨다. 고통을 참아내며 눈물겹게 다닌 어머님의 노력에도 불구하고 재판 결과는 참담했다. 결국 나는 교도소로 이송 와서 수감생활을 하게 되었다.

어머니께서 수술을 하실 거라는 소식을 접했다. 아프신 어머니 곁을 지킬 수도 없고, 큰 수술을 혼자 감당하시게 만든 내 자신이 너무 원망스럽고 견딜 수 없이 미웠다. 아무것도 할 수가 없었고, 먹을 수도 없었다. 이러면 안 되는데, 정신을 차려야 한다, 머리로는 생각했지만 쉽지 않았다. 며칠 동안 그렇게 넋을 놓고 멍하니 지내던 어느 날 또렷하게 들리는 목탁 소리를 들었다. 맑고 청아하게 들리는 목탁 소리에 정신이 번쩍 들었고 어디에서 나는 소리인지를 찾아 헤매다가 눈을 번쩍 떴는데, 목탁 소리는 현실의 소리가 아닌 꿈속의 소리였다는 것을 알았다.

신기하게도 머리는 어느 때보다 맑았고 그 목탁 소리는 너무도 또렷하게 각인되었다. 그러다가 방의 동료가 사경하는 《반야심경》을 보게 되었다. 그렇게 처음으로 접하게 된 경전이 《반야심경》이었는데 낯설게 느껴지지 않았던 것은 고등학교 국어시간에 배웠던 '색즉시공色卽是空 공즉시색空卽是色'의 구절이었다. 그때 선생님께서 '색은 곧 공이고, 공은 곧 색이다. 즉 있는 것은 비어있는 것이고, 비어있으면서도 비어있는 게 아니고 있는 것이다'라고 설명하셨지만, 어렵기만 했고 오랜 시간이 흐른 뒤에도 그 뜻이 이해가 되지 않는 것은 여전했다. 이곳 교도소 불교집회에서 여산 스님께서 법문 중에 《반야심경》은 공空 사상'이라고 이해하기 쉽게 설명해주셨고, 그렇게 '색즉시공 공즉시색'의 궁금증과 공을 이해하기까지는 정말 오랜 시간이 걸렸다.

사경도 기도의 한 방편이라는 것을 전해 듣고는 그때부터 사경에 매달렸다. 어머니의 수술이 잘되어 꼭 건강을 회복할 수 있게 해주시라는 간절함을 담아서 열심히 쓰고, 쓰고, 또 썼으며 틈나는 대로 읽고 또 읽었다. 그때 알았다. 내가 할 수 있는 것은 오롯이 부처님께 매달리고 또 매달리면서 간절한 기도밖에 없다는 것……

그렇게 시간이 흘렀다. 수술시기가 늦어져서 힘든 수술이었지만 예후도 좋았고 꾸준히 재활치료만 잘 한다면 좋은 결과를 얻을 수 있다는 기쁜 소식을 접하고는 나도 모르게 합장을 하며 '부처님 감사합니다, 정말 감사합니다' 감사인사를 하는데 눈에는 눈물이 맺혀 흘렀다. 그 후 일주일에 한 번씩 열리는 불교집회에 참석했다. 교정위원으로 오시는 스님들의 훌륭한 법문을 들으며 부처님의 가르침과 불교의 근본사상에 대하여 조금씩 눈을 뜨고 귀가 열리기 시작했다. 그러면서 내 자신과 내 자신이 걸어왔던 지난 삶을 진지하게 되돌아보게 되었다. 끝없는 욕심을 과욕이라 생각해본 적이 없었다. 앞만 보고 달렸기에 정작 내 자신을 돌아볼 시간조차 없었다. 내 자신의 소중함과 아파하는 내면의 소리를 들으려 하지도 않았다. 타인과 나의 다름을 인정하지 않았기에 내 기준에 맞추어 상대를 바꾸려고 했고 따라주지 않음을 탓하기만 했다. 나의 이기심으로 남을 배려하기보다는 내 자신을 먼저 생각했고, 어려움에 처하거나 힘들어지면 모든 걸 내 탓이 아닌 타인의 탓으로 돌리며 원망하기만 했다. 결국 탐·진·치 삼독에 빠져 허우적거렸던 지난 삶이 정말 안타깝고 후회스러웠다. 또한 신·구·의 삼업으로 짓는 10가지 악업을 알게 되면서, 죄인 걸 알면서 혹은 모르는 채 수많은 죄를 짓고 살았다는 엄청난 사실 또한 커다란 충격으로 다가왔다. 그리고 이 모든 것이 업이 되어서 육도윤회를 하면서도 늘 따라다니는 것이며, 또한 그 업에는 반드시 과보가 따른다는 것, 즉 전생에 지은 업은 금생에 과보로 나타나고, 금생에 지은 업은 내생에 나타는 것이므로, 악업을 짓지 말고 선업을 지으면서 살아야 한다는 동강 스님의 법문을 들으면서 어머니께서 늘 말씀하셨던 업에 대해서도 이해할 수 있게 되었고 절대로 악업을 짓지 않겠다는 다짐도 하였다.

포기하지 않는다

"여러분은 죗값을 치르기 위해서 이곳에 있지만, 그 이유 말고도 다른 중요한 이유가 분명 있을 것입니다. 그 이유를 꼭 찾으십시오."

법성 스님의 말씀을 듣고 그 이유를 곰곰이 생각해보았다. 부처님을 만나고 부처님의 가르침을 통해 그동안 잘못 살았던 삶을 진심으로 참회하고 두 번 다시 과오를 범하지 않고 지혜롭고 현명하게 살아야 한다는 깨우침을 얻게 하기 위함이었다는 생각에 이르렀다. 그래서 비록 사회와 단절되고 가족과 함께할 수 없는 고통을 상처로 안고 살지만, 자책하고 후회하기보다는 어제의 내가 아닌 삶을 살아야겠다고 다짐했다. 깨어있기 위해 끝없이 내 스스로를 단련하고 정진하면서 작은 것부터 실천하기로 했다.

모든 것이 나로부터 시작되고 내가 원인이었음에도 남 탓으로 돌리고 원망하던 어리석음을 범하지 않아야 하기에 시시때때로 내 자신을 경계하고 돌아보며 참회의 시간을 가진다. 스스로를 자학하며 볶고 원망하기보다는 쓰다듬고 따뜻하게 감싸 안고 격려하여 무너진 자존감을 일으키고 제대로 내 자신을 사랑하려고 노력한다. 모든 일을 주관적으로 판단하지 않고 객관적으로 판단하며 타인과 다름을 인정하고 받아들이려고 한다. 아직까지 나를 온전히 내려놓고 비우는 것이 여전히 많이 어렵기만 하지만 포기하지 않으려고 한다.

1년 전부터 불교집회의 집전을 맡았다. 처음에는 마이크를 잡고 집회 진행만 도왔는데 목탁을 배워서 직접 집전을 해보라는 제안을 받았다. 많이 망설였고 수도 없이 고사해야겠다고 생각했다. 죄 많고 업도 많은 내가 어찌 감히 목탁을 치고 집전을 할 수 있겠냐는 생각에서 말이다. 하지만 끝내 고사하지 못했고, 내 생각을 바꾸기로 했다.

내가 이곳에 있는 또 다른 이유가 있었듯이, 다른 사람이 아닌 내가 집전을 해야 하는 이유가 분명 있을 거라고 생각했다. 나의 바람은 내가 그랬듯이, 목탁소리를 듣고 누군가는 꼭 어둠속에서 밝음으로 나와주기를, 절망을 희망으로 바꾸고 꼭 부처님 법을 만나게 되기를 바라는 마음에, 온 마음을 담아서 목탁을 친다. 그리고 기도한다.

"제가 어느 곳에서든지 모든 이에게 이익되게 해주십시오. 제가 어느 곳에서든지 빛나게 해주십시오."

교정교화전법단 바라밀상

주인으로서의 삶을 꿈꾸며

구만식(가명)

어리석음은 꿈과 같고

이곳에 들어온 지도 어느덧 4년째, 죽고 싶은 마음과 죽을 것 같던 마음의 예민함이 지금은 많이 무디어졌다. 이제는 숨 쉬고 살만해지고 과거의 이야기를 담담히 고백할 수 있게 된 걸 보면 시간이 많이 흐르긴 흐른 것 같다.

돌이켜보면 재판 과정은 죽을 만큼 힘들었다. 오십 평생을 바쳐 이루고자 했던 목표가 일순간 무너져 내리고 모든 꿈이 산산조각이 났다고 느꼈을 때, 죽고자 하는 마음 밖에 없었다. 재판을 위한 출정 때마다 수갑을 차고 포승줄에 묶여 이동할 때의 수치심과 모멸감도 죽을 만큼 힘들었다. 스트레스로 인해 찾아온 변비와 혈압, 피부병 등 온갖 질환도 나를 지치게 만드는 데 일조하였다.

하루하루를 겨우겨우 버티고 있을 때 아내가 〈신묘장구대다라니〉를 반입시켜 주었다. 마음을 다스리는 데 활용해보라며 간절히 권했다. 처음에는 별 관심이 가지 않아 책장 구석에 방치해 두었다. 그러고도 한참 시간이 흘러 1심 선고를 받았다. 예상보다 많은 형량을 선고 받았다. 그 순간 다리가 후들거렸다. 눈앞이 하얗게 변했고 절망감과 막막함이 물밀 듯이 밀려왔다. 선고 후 4일 간은 물만 몇 모금 마셨고 모든 걸 잊기 위해 잠만 잤다. 그러다 5일째 운명처럼 〈신묘장구대다라니〉를 펼쳤다. 책의 후반부에 영험록이 나와 있었다. 그걸 읽고 나니 무조건 외워보자는 생각이 들었다. 간절함이 깊어지면 마음이 열린다고 했는데 몇 번 읽고 나니 마음이 맑아지고 힘이 나는 느낌이 왔다. 그래서 반복해서 읽고 외우고자 노력하니 이틀 만에 암송할 수 있었다. 이후로부터는 잠자고 밥 먹는 시간을 제외하곤 암송을 했다.

얼마 시간이 흐른 후 구치소에서 시행하는 법회에 나가게 되었고 다라니가 《천수경》의 일부라는 걸 그제야 알게 되었다. 내친 김에 《천수경》 전체를 암송했다. 암송을 하니 내 자신과 과거를 돌아보는 눈이 생겼다. 마음은 날로 맑아지고 차분해졌다. 그럼에도 불쑥불쑥 자신에 대한 분노가 치밀어 오르고 감정통제가 안 되어 동료가 눈에 거슬리는 행동을 하면 말다툼을 하는 등 심리적인 불안 상태는 지속되었다. 뭔가가 더 필요하다고 생각하고 있는데 아내가 《반야심경》과 《천지팔양신주경》 사경을 권했다. 몇 주일은 사경에만 매달렸다. 마치고 나니 부처님 가르침에 대한 공부 욕심과 이를 통해 무언가 새로운 나의 길을 열어보고자 하는 욕심이 생겼다. 그러나 인도해주는 사람이 없어 막막하던 차에 불교신문을 통해 포교사 시험에 대해 알게 되었다. 관련 서적을 구매하여 7개월 정도 공부를 하고 나니 시험 합격에 대한 자신감이 생겼다. 수박 겉핥기 정도이긴 하지만 부처님 가르침의 핵심과 유식, 중관, 정토 사상 및 불교문화 등 다양한 분야에 지식을 쌓게 되었다. 내가 남은 여생을 바칠 길은 이 길이구나 하는 생각이 들었다. 이제 와 생각해보면 전생의 습이 있는 것 아닌가 하고 느낄 정도로 가르침이 머리에 쏙쏙 들어왔다. 그래서 이후 《법화경》《능엄경》《육조단경》《대승기신론》《전등록》《마조록》, 십이연기 관련 서적, 중관 및 유식, 정토사상 관련 서적 등등을 계속해서 읽어 나갔다. 성철 스님은 경전 읽기에 매달리지 말라 했다는데 읽기는 지금도 계속하고 있고 초보자인 나에게 순간순간 깨우침을 준다.

깨달음은 잠자고 일어남과 같고

경전 읽기 외에 나름의 수행 원칙 두 가지를 세웠고 충실하려고 애를 쓴다. 첫째가 잠자는 시간 외에는 눕지 않기다. 1심 선고 후 얼마 후 시작되었는데 방에 의자와 소파가 없어 주말에 하루 종일 방바닥에 앉아 책을 읽다보면 허리가 많이 아프고 힘들어 눕고 싶은 욕망이 꿈틀대지만 악착같이 이겨내고 있다. 둘째는 재물욕, 성욕, 식욕, 수면욕 앞에서 초라해지지 않기다. 돈은 공물公物이라는 깨달음 속에서 어려운 동료들을 도와주는 데 쓰기도 하고 다른 욕구를 자제하는 것을 생활화하고 있다. 부처님 법을 알기 전과 알고 난 후의 나는 천지 차이임과 수행이 날로 깊어짐을 느끼고 있다.

부처를 먼 곳에서 찾는 행위는 모래로 밥을 짓는 어리석은 행위라고 했다. 진정한 깨달음의 수행은 이타행의 실천, 대상과의 관계 속에서의 수행을 통해서만 이루어질 수 있다고 생각한다. 깨달음의 실천이 없으면 깨달음은 멀리 달아나버릴 것이다. 그동안의 수행을 통해 깨달은 것 중 하나는 임제 스님의 말처럼 내가 머무르고 있는 바로 이곳에서 주인이 되어야 한다는 것이다. 그래서 늘 주인으로 살려고 노력한다. 이곳에서 생활하다 보면 가장 흔히 낭비 되는 게 물이다. 그래서 수도요금이 연간 예산을 초과한다고 하여 절수방안 다섯 가지를 제안했다. 그중 하나인 주 2회(기존 1회) 식빵 배식이 시행되어 설거지 물 절약에 기여하고 있다.

일주일씩 순번제로 시행하고 있는 설거지를 힘들어 하는 동료나 연로한 동료의 설거지 돕기를 생활화하고 있으며 동료들이 귀찮아서 선뜻 나서지 않는 일, 예를 들어 배식 준비나 걸레 빨기 등은 도맡아 처리하고 있다. 가족과 친지의 접견물은 동료들과 똑같이 나누어 사용한다. 가정사로 힘들어하는 동료의 이야기를 경청하고 공감해줌으로써 힘든 생활을 이겨내도록 돕는다.

주인으로 열심히 살다보니 덤으로 상도 세 차례 받았다. 2017년 10·27법난 문예공모전 시 부문 우수상, 2018년 하반기 남부교도소 '조견기능사 직훈 과정' 우등상 및 자격 취득, 2019년 '폭력예방'

수필 공모전 우수상이다. 그럼에 불구하고 수행이 어떤 틀 안에 갇혀 있음을 느끼며 답답할 때가 있다. 특히 분별심을 없애는 수행의 진척이 너무 더딤을 느낀다. 동료의 신문 넘기는 소리, 가래 끓는 기침소리, 세면장에서 보게 되는 오물, 공동 작업에서 몸을 사리며 요령을 피우는 동료 등이 경계로 작용하면 마음이 많이 불편해짐을 느낀다. 그래서 더욱 가열차게 정진해야겠다는 다짐을 한다.

요즘은 부정관과 만트라 수행에 집중하고 있다. 부정관은 수시로 행하며 만트라 수행은 운동장에서 운동 시간을 통해 꾸준히 하고 있다. 시간은 다만 죗값을 받아들이는 예민함만 사라지게 할 뿐이라고 관찰하며 형기가 종료되면 죗값을 모두 치루겠지만 업은 그대로 남는다고 생각한다. 그래서 참회진언을 특히 많이 하고 있다.

서울의 명문대학과 대학원 졸업, 군에서 장교로서의 명예로운 생활, 모두가 선망하는 대기업에서의 23년간의 직장생활과 지위 등 내 이력은 한낱 꿈이요 그림자였음을 지심으로 깨달았다.

"꿈을 꾸며 이것이 어떻게 꿈인 줄 알겠는가? 깨어나서 비로소 꿈인 줄 알겠구나. 어리석음은 꿈꾸는 것과 같고 깨달음은 잠자고 일어남과 같다."

이 글귀가 마음 깊이 와 닿는다. 이제 깨달았으니 내 마음에 자비희사의 꽃이 활짝 피는 날을 향해 쉬지 않고 정진하려고 한다. 글을 마무리 하려니 걱정이 남는다. '착한 일을 하더라도 상相을 내면 죽음으로 가는 죄만 더욱 크게 쌓는다'고 했는데 나의 고백이 상을 내는 행위는 아닌지 업만 쌓고 있는 건 아닌지 적이 염려스럽다.

끝으로 모든 재소자들이 가족의 품으로 돌아가 각자의 역할에 충실하며 복 짓는 날이 하루라도 빨리 오기를 부처님 전에 간절히 발원해본다.

바라밀상

일상의 기도

———

연화 김신자

"아침에 일어나면 꽃을 생각하라."

달라이라마 존자님 어록에 있는 글입니다. 제주도에 동백꽃이 피는 1월 달이면, 함박눈을 맞으며 얼음꽃이 핀 빨간 동백꽃을 생각하며 미소 짓습니다. 동백꽃말은 '내가 진정으로 당신을 사랑합니다'입니다. 저는 환갑 때 적금을 타서 삼남매를 데리고 제주도로 여행을 갔습니다. 노루가 뛰어 노는 제주도 휴양림 통나무집에서, 손주들과 같이 손뼉 치며 좋아하였습니다. 아침 일찍 일어나 김밥을 싸서 남편과 막내아들, 사위와 딸은 한라산에 등산 보내고 나와 큰아들 큰며느리 그리고 손주들은 조용한 바닷가에서 신나게 뛰어 놀며 사진도 찍었습니다. 가족모임이 있을 때마다 '제주도에 또 가고 싶다' 노래를 부릅니다.

외손주 두 명을 키웠습니다. 칠순여행으로 딸과 여덟 살 외손녀, 여섯 살 외손자를 데리고 네팔로 갔습니다. 남편이 시집와서 고생 많이 했다고 보내주었습니다. 딸이 대학교 때 유럽으로 배낭여행을 간 경험을 살려서 비행기표도 예약하고 계획표도 짰습니다. 고산병에 걸릴까 봐 포트 3명을 데리고 아침 먹고 출발하면 천천히 걸어서 점심때쯤 롯지에 도착해서 여장을 풀고 놀다가 저녁을 먹고 일찍 잤습니다. 집에서 가져간 우리나라 라면이 제일 맛있었습니다. 3,200m 푼힐 전망대에서 떠오르는 붉은 태양을 바라보며 '중생들이 모두 행복 하소서' 기도했습니다.

눈 덮인 안나푸르나를 바라보며 저도 모르게 환희심이 났습니다. 그 당시에는 네팔에 가는 곳마다 학교 짓기가 한창이었습니다. 네팔 어린애들도 "나마스떼" 두 손 모아 인사 할 때 사랑스럽고 아름다운 모습이었습니다.

연주대와 무상

딸이 결혼하기 전에 남편과 딸과 나 우리 셋은 일요일마다 도봉산에 올라갔습니다. 도봉산에 있는 천축사에서 대웅전 기와를 새로 잇고 있었습니다. 산비탈 다리에서 기왓장 한 장씩을 들고 씩씩거리며 가파른 계단을 올라가면 절에서 따뜻한 대추차를 내주셨는데 마시면 피로가 싹 가시었습니다. 마당바위에서 점심을 먹고 나서 언제나 남편은 자운봉 정상을 찍고 내려왔습니다.

딸이 결혼하고 나서는 관악산 연주대를 올라갔습니다. 사당역에 내려서 암벽을 타고 올라가서 연주암에 계신 부처님께 삼배 드리고 점심을 먹고 서울대학교 능선을 타고 내려왔습니다. 등산 가서 계곡 물소리만 들어도 머리가 맑아집니다. 바위타기가 힘들면 과천 중앙청사역에 내려서 계단을 타고 연주대로 올라갑니다. 점심을 먹고 안양으로 능선을 타고 내려오다가 무너미 고개를 넘어서 삼막사로 옵니다. 삼막사에서는 점심공양으로 국수를 삶아줍니다. 큰가마솥에 장작으로 불을 때서 국수를 삶아서 김치만 넣어도 맛있습니다.

지금은 그것도 힘들어서 관악역에 내려서 안양유원지를 지나서 삼성산 국기봉을 찍고 너덜지대에서 연주대를 바라보며 점심을 먹으면 꿀맛입니다. 남편은 쌍안경을 꺼내서 연주대에 몇 사람이 올라와있나 바라봅니다. 그때마다 우리나라의 아름다운 산세에 감탄합니다. 삼막사는 원효 스님이, 연주암은 의상 스님이, 염불사는 윤필 스님이 창건했습니다. 움막을 짓고 공부하던 곳이라서 '삼막사'라고 합니다. 등산지도를 보면 연주대는 632m이고 삼막사 국기봉은 477m이며 서로 일직선상에 있습니다. 염불사는 삼성산 455m 8부 능선에 있으며 꼭짓점이 되어서 삼각형 모양이 됩니다.

법보신문 2019년 1월 16일자를 보면 "수학의 도형은 상상 속에서만 가능하다. 현실에선 불가능하다. 무상이 아니고 무아가 아닌 것은 발견한 적이 없다"고 포항공대 어느 교수님께서 말씀하셨습니다. 《금강경》식으로 표현하자면 우리가 물질세계에서 즉 상상의 세계가 아닌 현실세계에서 삼각형과 원이라고 부르는 것은 삼각형이 아니고 원이 아니다. 다만 그 이름만 삼각형이고 원일뿐이다 하는 것이겠지요.

원효 스님과 서원

2018년 12월 9일 일요일, 삼막사에 갔습니다. 육관음전 부처님께 삼배 드리고 산신각에 삼배 드리고 원효굴 아래서 삼배 드리고 원효 스님이 공부하시던 원효굴을 올려다보는데 깜짝 놀랐습니다. 그곳에는 키가 큰 원효 스님께서 장삼을 바람에 날리며 서 계셨습니다. 저는 바로 '지금 여기에서 〈신묘장구대다라니〉를 날마다 21독, 백일기도 하겠습니다' 하고 서원을 세웠습니다.

일 년에 한 번, 소요산 가는 지하철을 타고 단풍구경을 갑니다. 자재암 대웅전에 들러서 부처님께 삼배 드리고, 원효 스님이 공부하시던 바위굴에 들어가서 삼배 드렸습니다. 옆에 있는 약수물을 마시면 모든 번뇌가 사라지는 것 같았습니다. 공주봉 정상에 올라가면 사방천지가 단풍으로 곱게 물들었습니다.

2018년 12월 어느 날 11시 〈아름다운 초대〉 방송 시간에 어느 스님께서 나오셔서 '의상 스님 조사게 발원문'을 읽으면서 두 가지 약속을 해주셨습니다.

1. 건강합니다.

2. 행복합니다.

저는 너무 좋아서 얼씨구 절씨구 저절로 춤을 추고 있었습니다. 2,010자 되는 글자는 초등학생도 다 읽을 수 있습니다. 그러나 읽어 보니까 글자 하나하나에 깊은 뜻이 숨이 있었습니다. 건강하고 행복하다면 무엇인들 못하겠습니까?

음악이 너무 좋아서 BBS불교방송을 듣기 시작했는데, 우연한 계기에 자원봉사자로 일하는 행운도 얻었습니다. "목소리가 이쁘니까, 자원봉사자로 일해 볼 생각이 없으세요?" 하는 권유에 일주일에 한 번 방송국으로 출근을 합니다. 가는 길에는 3층 법당에 들러서 부처님께 삼배 드리고 불교방송국 신축사옥 짓기를 간절히 기도하기도 합니다.

불교방송국 오후 2시는 〈당신이 주인공입니다〉 월호 스님 시간입니다. "웃자, 웃을 일이 생긴다. 으하하하" 크게 소리 내어 웃으셔서 처음에 웃음치료사인 줄 알았습니다.

《화엄경》 공부 끝내고 《금강경》을 공부할 때는 나도 모르게 무륫을 탁! 쳤습니다. 지금까지 들은 법문은 소귀에 경 읽기였습니다. 《화엄경》을 108번 사경하고 나서 《금강경》을 108번 사경했습니다. 원찰에서 천도재 끝나고 사경한 공책을 모두 불에 태웠습니다. 어느 여름 날 어스름해서 저녁밥을 지으려고 주방으로 나오는데 내 공부방에서 향냄새가 은은하게 났습니다.

'부처님 감사합니다. 부처님 감사합니다. 부처님 감사합니다. 응무소주應無所住 이생기심而生基心.'

응당 머무르지 말고 그 마음을 일으켜 보살도를 닦아야 합니다. 《금강경》 사구게四句偈를 나도 모르게 외웠습니다.

아침기도

아침에 일어나면 전기밥솥에 쌀을 안치고 아침기도를 합니다.

1. 하심공부

백팔배를 하며 참회합니다.

2. 일심공부

천주를 돌리며 '관세음보살'을 부르면 행복합니다.

3. 무심공부

장궤합장하고 '마하반야바라밀'을 염하고 참선을 하면 평정심이 됩니다.

4. 발심공부

복 닦기 도 닦기 하며 보살도를 행하며 나는 반드시 붓다가 되리라 서원합니다.

2018년 11월 13일~16일까지 3박 4일 동안 일본 요코하마 대학에서 달라이라마 존자님의 법문이 있었습니다. 저는 불교방송국에 신청해서 갔습니다. 월호 스님께서 달라이라마 존자님 방한위원장이셨습니다. 저는 달라이라마 존자님께서 쓰신 책 중에서 '깨달음을 얻기 위하여 서두르지 마라. 기다려라. 언제인가 저절로 깨달음을 얻게 된다' 이 말씀을 지금도 가슴 속 깊이 고이 간직하고 있습니다. 15일 법회 때 제가 고민하고 있는 문제에, 세계 각국에서 온 5,000명 청중 중에서 신기하게도 저에게 답장을 주셨습니다.

"계시는 받았다고 끝이 아니다. 계속 공부해라."

6개 국어 동시통역사 여자 교수님의 목소리가 나오자, 나도 모르게 눈물이 주르르 주르르 하염없이 흘렀습니다. 달라이라마 존자님 얼굴만 봐도 저는 행복합니다. 존자님의 어린애 같은 순진한 눈동자와 백만 불짜리 아름다운 미소는 제 마음을 편안하게 했습니다. 돌아오는 16일 아침에는 달라이라마 존자님께서 우리나라 불자님

204

500명을 별관에서 따로 반갑게 접견해주셨습니다.

일주일에 한 번 불교방송 봉사 가는 날이면 "당신 얼굴이 행복해 보인다"고 남편이 말합니다. 봉사도 수행입니다. 남편은 내가 깜박깜박하면 "당신 마음은 부처님한테 가 있다"라고 웃으십니다. 건강하게 사는 날까지 봉사자로 일하겠습니다.

부처님 감사합니다. 법륜을 굴리겠습니다. 행불하겠습니다.

바라밀상

부처님과
인연 맺은
내 인생 50년

법안 박재기

보현사 인연

지금으로부터 50년 전인 1968년 9월의 어느 날이었다. 고등학생이
던 나는 대구 중심가에 자리하고 있는 보현사 앞을 지나고 있었다.
그런데 교복을 입은 남, 여 학생들이 무리 지어 이야기를 나누며 절
안으로 들어가는 것을 보고는 호기심이 생겨 그들을 따라 들어가
보았다. 보현사 마당에 들어서니 어떤 학생이 나를 보고 어떻게 왔
는지 묻는다. 그 학생이 나를 법당으로 안내하더니 부처님께 삼배
의 예를 올리라고 했다. 그 학생이 하라는 대로 삼배를 한 것이 바
로 내가 부처님과 인연을 맺은 첫 만남이었다.

어느덧 내 나이 칠십을 바라보고 있다. 50년이란 세월이 어떻게
흘러갔는지…… 지금 이 세상에 내가 어디서 무엇을 어떻게 흔적
을 남기며 살아왔는가 하는 생각에 지난날들을 회상해본다. 꿈 많
고 즐거웠던 학창 시절과 가정을 꾸미며 사회활동을 하는 지금까지
의 긴 세월에 오늘도 보현사 문턱을 오르내리고 있는 것을 보면 이
것 또한 보통 인연이 아닌 것 같다.

꿈 많은 고등학교 학창 시절, 우연히 보현사 법당 마당에 발을 들여 놓으면서 부처님과 맺은 인연을 시작으로 매월 한 번 있던 대구의 각 학교 학생회 연합 법회에 참석했다. 하지만 법회와 관계없이 매주 토요일 또는 일요일이면 법당 마당은 많은 학생들로 북적하였던 것으로 기억한다. 학생회 법회에 참석하면서 처음에는 스님들께서 하시는 불교 이야기, 법당에서 하는 예절들이 생소하고 무슨 의미인지도 몰랐지만 솔직히 친구들과 어울리는 것이 즐거워서 법당을 찾아 가곤 했다. 그러다 스님들의 설법과 불교 관련 책들에 관심을 갖고부터 조금씩 흥미가 생겼고 부처님 가르침의 진리와 수행과정이 내 마음에 들어오면서 점점 내 자신이 부처님 가르침의 세계로 스며들어 가고 있음을 알기 시작하였다.

그러던 어느 날 내가 다니는 학교에 불교학생회를 만들어야 되겠다는 생각을 하게 되었다. 스님과 학교의 협조로 불교학생회를 창립하고는 1969년 3월, 부족한 내가 회장을 맡으면서 보현사 불교학생회 지부 법회에 동참하여 학생회 활동을 이어 가도록 하였다. 고등학교 학생회를 거쳐 계속 대학생 불교학생회 활동을 이어 갔으며 대학생부에서 각종 직책을 맡아 나름대로는 열심히 활동을 하면서 부처님과 인연을 이어갔다. 대학 학생회 시절 일반인을 대상으로 불교, 기독교, 천주교 명사 초청 종교사상 강연회를 개최한 것, 경주 화랑회관에서 전국 대학생 합동수련 화랑대회를 개최한 것, 방학 때 사찰을 찾아 일주일간 수련대회 행사를 한 것 등등…… 그 당시

고생하면서 보람을 느꼈던 추억들이 매우 의미 있게 내 뇌리를 스쳐 간다.

　대학 졸업을 한 학기 남겨두고 군 입대를 했다. 그런데 군 복무를 하던 중 불행하게도 지금은 생각조차 하고 싶지 않은 결핵 3기라는 병으로 입원을 했다. 요즈음은 좋은 약도 있고 좋은 음식을 먹을 수 있어 큰 걱정을 하지 않는 병이라고 하지만 73년 그 당시에는 결핵이라면 죽음까지 갈수도 있는 전염성의 큰 병이라 야전 군 병원으로 후송되었다. 그곳에서 중환자라고 후송 병원을 거쳐 저 남쪽 마산 국군통합병원까지 이송되어 마음과 육체의 고통에 시달리며 어려운 투병 생활을 하기 시작하였다.

내 생에 가장 잘한 일

자신을 원망하기도 하고 자책도 많이 했다. 외로운 투병 생활을 더 안타깝게 하는 것은 군 병원 내에 교회와 성당은 있었지만 불교를 믿는 불자들을 위한 법당은 없다는 것이었다. 부모 가족을 떠나와 깊은 아픔을 겪고 있는 불자들의 상처를 치유해줄 수 있는 곳, 부처님께 의지할 수 있는 기도 공간이 없다는 것이 괴로워 종단과 그런 일에 관여 하시는 스님들이 매우 원망스럽기까지 했다. 그러던 중 남을 원망하고 있을 것이 아니라 내가 그런 자리를 만들어보자 하는 생각을 하게 되었다. 비록 몸은 병고에 지쳐있으나 할 수 있다는 자신감을 갖고 부처님이 나를 도와주시리라 믿고 시작하기로 했다. 그러나 군인 신분으로 또한 환자로 병원에 와 있는 터라 군 부대는 물론이고 외부 협조 요청 등을 위해 자유롭게 행동할 수 없었기 때문에 한동안 고민만 하고 헤매고 있을 수밖에 없었다.

그래도 병원 내 장교들과 기간병들을 상대로 도움을 줄 수 있는 사람들을 수소문하여 찾았더니 마침 병원 내 간호장교들 중 내가 불교학생회 활동을 하던 때 국군간호대학 불교학생회 회원이었던 장교를 찾을 수가 있었다. 역시 부처님께서 나를 도와주시는 것을 감사하게 생각하며, 더욱더 용기를 낼 수 있었다. 그분들의 협조로 외부 지원 요청 및 준비에 필요한 물품들을 조달할 수 있었으며 본부 조계종에 요청 서한도 보냈다. 간호 장교들의 도움으로 외출증을 발급 받아 그들과 같이 부산, 마산 지역의 여러 사찰과 그 사찰의 신도들에게 찾아가 협조 요청을 하는 등 병을 치료해야 하는 환자의 몸이지만 할 수 있는 일은 다 해보려 했다.

여러 사람들의 고생과 노력으로 1974년 벚꽃이 활짝 피던 봄 어느 날 병원 막사 작은 공간을 임시로 제공받아 어렵게 창립 법회를 개최했다. 창립 법회를 개최하던 날 부산과 마산에 있는 사찰의 여러 스님들과 신도들 약 300명이 참여했는데 병원 환자들을 위한 선물과 법당에 필요한 용품들을 준비해 오시어 조용한 병원이 한동안 통제가 어려울 정도로 혼란해지기도 했다. 예상외로 많이 참여한 인원 덕분에 훗날 병원 최고 담당 장교로부터 즐거운 꾸중을 들었지만 지금도 그 당시를 생각하니 비록 고생은 많이 했었으나 흐뭇했던 기억들이 생생하게 떠오른다.

제법 법당 모습을 갖춘 공간이 생기자 나는 물론 다른 환자들도 수시로 법당을 찾아 마음과 육체의 고통을 부처님께 기도하며 마음의 상처를 다스릴 수 있는 시간을 가질 수 있었다. 그 당시 환자로 치료하러 오셨던 군 법사 장교 분이 계셨는데 한 번씩 법회를 주관해주시기도 하여 나름대로의 면모를 갖추고 법회를 보게 되었다. 그러한 노력 때문 부처님께서 가피를 내려주시지 않았나 싶다. 나는 약 1개월 후 죽을 수도 있다는 소견이 있었지만 그 공덕으로 병이 완치가 되어 퇴원해서 그 이후 지금까지 건강하게 부처님과 인연을 이어 가며 잘 생활하고 있다. 지난 세월을 돌이켜보면 그때 그 일이 내 생에 부처님 가르침을 실천한 것 중에 가장 잘 한 것이라 생각해 본다.

부처님의 진리 속에

군 생활을 마치고 사회에서 직장 생활을 하면서 부처님과 인연을 계속 이어 오면서 부처님의 가르침을 받기만 하는 내 자신에 항상 아쉬운 마음이 있었다. 그러던 중 1996년 어느 날 경북 예천군 풍

양면에 있는 무의탁 노인 및 불우 아동 보호 시설 예천 연꽃마을을 찾아서 부처님의 가르침을 실천하는 기회를 만들었다. 동현이 등 네 명의 초등학생을 맡아 중학교 졸업할 때까지 학비와 학교생활에 필요한 것을 도움주었던 것이 특히 기억에 남는다. 대학 시절 같이 학생회 활동을 하였던 회원들 십여 명이 졸업과 동시에 모임을 만들었는데 지금까지 계속 활동을 하고 있다. 그 불교 모임에서도 연꽃마을에 수시로 위문 방문하여 의료 또는 물품 후원 등을 하여 왔던 것들이 추억으로 내 가슴속에 남아있다.

부처님과의 인연으로 삶을 이어 오던 중 흩어져 있는 대학생 불교 동문들이 한자리에 모여 법회도 보고 또한 사라져가는 각 대학 재학생들의 불교학생회 활성화를 위해 체계적으로 지원을 하면 좋겠다는 생각을 하게 되었다. 그러한 조직을 만들고자 각 소속 대학 동문들을 파악하여 대구지역 대학생불교연합 동문회를 2004년 7월 15일 창립하였다. 연합 동문회는 지금까지 매월 보현사 법당에서 법회를 보고 있다. 이러한 신행 생활은 내 자신이 가야할 길을 부처님의 가르침에 의거해 조금이나마 실천하고 있는 것이라 생각했다. 당연히 해야 할 일을 한 것인데 부끄럽게도 2006년 9월 조계종 본부 포교국장 스님께서 명예 포교사 품수를 주시어 부족한 내 자신을 부끄럽게 하였다. 그 이후 혜택이 미치지 못하는 어려운 곳들이 많다는 고향 담당 공무원의 이야기를 듣고는 고향의 몇몇 불우 결손 가정 아이들에게 관심을 갖게 되었다. 그러한 가정의 어린이를 위탁 받아 정기적으로 쌀과 생필품을 보시하고 모교 초등학생들을 다수 지정해 정기적으로 급식비와 필요한 물품 등을 지원하는 보시 행을 하였더니 2007년 9월 내 고향 군수님께서 표창패를 전달해 주시었다. 상을 받을 목적으로 하는 일은 결코 아니었으나 이런 일을 계기로 조금이나마 나를 되돌아보는 시간을 갖게 되었다. 이런 모든 행위는 내가 부처님과 인연을 맺었기에 가능한 일이었다. 그리고 그 가르침을 실천할 수 있는 길을 부처님 법이 가르쳐 주시었기에 그 길을 가고 있을 따름이다. 항상 그 마음만은 변하지 않으려 노력하면서 내 생활을 이어가고 있다.

다만 할 뿐이다

그런 가운데 명예 포교사 자격을 갖고 있지만 체계적으로 포교 봉사를 하기 위해 2012년 포교사 품수를 받았고 현재 동화사에서 사찰 해설 봉사를 하고 있다. 시간적 여유를 더욱 의미 있는 일로 채워 보려고 고심을 하던 중, 2011년 마침 내가 후원자로 동참하고 있는 대구 호스피스 센터를 통해 봉사자가 필요하다는 소식을 들었다. 암 환자 전문 병원인 칠곡 경대병원에 환자들의 이발과 머리를 감겨주는 세발 봉사팀이 필요하다는 것이었다. 나는 불교 자원 봉사팀을 만들어 지원했는데 매주 화요일 오전 법회를 본 후 봉사를 하고 있다. 호스피스 보수 교육을 이수한 후에는 매주 수요일에도 봉사를 하고 있다. 육체적 정신적 고통으로 통증을 호소하며 마지막까지 어렵게 생을 마감하는 환자들이 조금이나마 평온한 시간을 가질 수 있도록 도움을 줄 수 있는 여러 가지의 프로그램으로 환자들과 시간을 같이 하고 있다. 특히 말기 환자를 대할 때는 부족하나마 부처님의 수행방법으로 마음 다스림을 통해 통증을 이겨 내는 방법을 전하고 기도를 하며 죽음을 현실로 받아들일 수 있도록 최선을 다해 노력하고 있다. 그러나 매주 생을 마감한 분들을 부처님 곁으로 보낼 때마다 마음이 안타깝다. 그 가운데 특별히 나와 정을 깊게 나누었던 몇몇 모습들이 아직도 내 마음속에 사라지지 않고 눈시울을 적시게 한다. 서른일곱 젊은 나이에 부처님 곁으로 간 태완이, 인물도 좋고 죽음을 앞에 두고도 괴로움을 이겨 내며 아버지에게 슬픈 모습을 보이지 않으려 숨을 멈출 때까지 애쓰던 모습, 오히려 내가 그런 모습에 더 놀랐던 기억, 나와 많은 대화를 하며 아버님도 자식 앞에 애써 당당하게 대해주시던 모습……. 40대 재정이, 젊은 나이에 자기가 암에 걸린 것을 부정하며 하필 자신이 왜 이런 말기 암 환자가 되어야 하는가 하는 원망과 자책감에 현실을 받아들이지 못하고 정신적으로 매우 어렵게 투병 생활을 했다. 서두르지 않으며 꾸준히 대화를 통해 현실을 받아들일 수 있도록 스스로 자신의 마음을 다스릴 수 있도록 기도해드렸다. 자신이 병에 걸린 것을 너무나 원망하고 괴로워하기에 보는 것만으로 너무 안타까워 재정이가 편안하게 죽음을 맞이하기를 간곡히 부처님께 기도했다. 지성이면 감천이라고 마지막 가기 전 나를 기다렸다며 감사하다는 말을 남길 때, 꺼져가는 기력으로 내 손을 잡아준 그때를 생각하니 지금도 내 가슴이 찡하다. 그리고 마지막까지 해맑은 모습으로 저 세상에 간 영순 보살. 마흔 중반에 항상 긍정적인 생각을 하며 항상 밝은 모습으로 오히려 나에게 감동을 주었던 진옥 보살……. 먼저 부처님 곁으로 간 여러 환자들의 모습이 눈물 속에 아른거린다.

비록 최선을 다한다고 생각하고 해왔으나 그들에게는 많이 부족했던 내가 아니었나 싶다. 아마도 그분들 모두 저 좋은 세상 부처님의 곁으로 가 있으리라 믿어본다. 이러한 저러한 의미 있는 시간들이 내 인생에 흔적을 남기며 흘러왔고 지금도 흐르고 있으며 또한 앞으로도 계속 흘러갈 것이다. 이번 생은 부처님께서 내가 가야 할 길을 인도해주셨다고 생각한다. 지금으로부터 50년 전 보현사 법당에서 부처님과 맺은 인연으로 지금까지 이러한 흔적을 남길 수 있도록 이끌어주신 부처님께 감사한다. 이제껏 잘한 일은 별로 없다고 생각하나 그래도 가장 잘한 일이라면 바로 50년 전 보현사 법당에 첫발을 들인 것이라 생각해본다.

바라밀상

향기로운 부처님의
명훈 가피

—

법연 홍유신

독실한 기독교 집안의 9남매 중 막내로 자랐다. 어릴 때부터 불교에 대해 거의 알지 못했고, 수학여행이나 산에 올랐을 때 가끔 절을 보았을 뿐, 스님도 한 번 뵌 적 없었다. 이러한 집안 환경으로 인해 결혼 전까지 기독교를 신앙하는 교인이었다. 그러나 마음속에는 늘 번뇌, 망상, 울분, 후회, 좌절, 괴로움, 욕심으로 가득하였으며, 목사님의 설교는 마음속에 아무런 울림이나 감동을 주지 못했다. 오히려 유일신을 강조하고 조상에 대한 제사를 거부하며 이분법적 사고를 강요하는 기독교에 대해 불신만 깊어 가고 있었다.

그러던 중 30대 초반에 인연을 만나 결혼을 하였다. 남편은 불교 집안의 외아들이었으며, 시어머니는 불심이 강하신 분이었다. 결혼 초부터 교회 다니는 것을 용납지 않고 완강히 반대하여 나는 교회에 대해 마음을 접었다. 그리고 시어머니와 시누이를 따라 일 년에 한두 번 사월초파일 부처님오신날에 절에 들려 부처님께 절을 하기 시작했다. 그러나 왜 절을 해야 하는지, 부처님은 왜 그러한 큰 형상

217

으로 앉아 계신지 불교가 무엇을 말하는 종교인지 아무도 알려 주는 사람이 없었다.

술을 많이 마시는 다혈질의 남편과 살면서 결혼과 인생에 대해 많은 회의가 들었고 우울한 나날이 계속되었다. 사람의 이런 심리라는 것이 무엇인지 알고자 공부를 시작하게 되었다. 대학원에 진학해서 교육학을 전공하면서, 여러 학자의 인간에 대한 관점을 배웠다. 한편으로는 내가 전생에 어떤 죄와 업이 많아 이렇게 고통을 받는지 자책하며 어린 아들을 어린이집에 맡기고 마지막 돌파구라는 심정으로 공부에 매진했다. 교육과 상담심리는 인간과 사회에 대해 알아가는 아주 흥미로운 공부였고, 사람을 좋아하는 나에게 잘 맞았다.

대학원 공부를 하던 어느 날 저녁, 나의 운명을 바꾼 일생일대의 사건이 벌어졌다. 다름 아닌 법륜 스님의 강의를 유튜브 방송으로 듣게 된 것이다. 스님의 법문은 〈즉문즉설〉이라 불리며 사람들의 고민과 궁금증을 속 시원히 해결해주는 청량제 역할을 하고 있었다. 처음에는 세상 상식과 다른 스님의 법문에 의구심이 나고 의아해 그저 웃음만 나왔다. 그러나 자꾸 들으면 들을수록 스님 말씀은 묘한 매력이 있었다. 가슴이 펑 뚫리며 해주시는 말씀이 근원적인 해법이라는 것을 저절로 느끼게 되면서 나도 모르게 법문에 깊이 빠져 들었다. 그때 스님을 통해 부처님 말씀을 처음 들었는데 불교에 무지했던 나는 부처님의 말씀이 참 지혜롭고 통쾌하며 자비롭다는 것을 그때 알게 되었다. 그러면서 본격적으로 불교를 공부해야겠다는 생각이 깊어졌다.

석사 공부를 마친 뒤 불교와 상담에 대해 깊이 있게 공부하고 싶었다. 그러던 중 마침 불교대학원인 동방문화대학원에서 신입생을 모집한다는 신문기사를 보고 바로 응시했다. 박사과정에서 불교와 상담심리를 전공하는 기회를 얻었다. 동방대학원의 첫 수업은 불교의 심층심리인 '유식' 강의였는데, 때마침 유식 강의를 해주신 교수님께서는 불교와 심층심리에 대해 박학다식하셨고, 심도 있는 강의를 해주셨으며, 많은 불교 관련 서적을 소개해주셨다.

유식 수업을 들으면서 나는 놀라움과 경이로움을 느꼈다. 그렇게 찾고 헤매던 본질적인 마음공부가 이렇게 가까이 있다는 사실에 놀라 지금까지 불교에 대해 무지했던 자신을 자책하게 되었다. 일체유심조, 전식득지, 대원경지, 아뢰야식, 수처작주 입처개진 등 불교 용어를 들었을 때 온몸의 세포 하나하나가 춤을 추듯 환희로웠다. 전생에 내가 불교와 깊은 관계가 있었음을 직관적으로 체험할 수 있었다. 그리하여 법정 스님의 저서를 시작으로 닥치는 대로 불서를 정독하고, 조계사에 등록하여 불교기본교육을 이수하면서 수계를 받고 불자로 새로 태어났다. 이후 불교방송과 법문을 수시로 들으며 주위 환경과 신호체계를 불교에 맞추고 불자로써 깨어 있는 삶을 지향하게 되었다.

부처님의 대자대비하신 자비사상과 사성제 팔정도를 접하고 알아가게 되자 나 역시 부처님을 닮아가고자 하는 마음을 가지게 되었다. 그러면서 지금까지 살아오면서 수없이 많은 악업을 지었다는 사실을 직면하게 되었다. 살도음망과 음주에 안 걸린 것이 없을 정도로 막행막식하며 살았다는 것을 알게 되었고 회한의 눈물과 함께 내 삶을 참회하게 되었다. 《천수경》의 말씀 중에 '오랜 세월 쌓인 죄업 한순간에 없어지고 죄의 자성 본래 없어 마음 따라 일어나니 마음이 사라지면 죄도 함께 사라진다'고 한 말씀에 깊이 감동하여 남은 인생은 계를 철저히 지켜 업을 짓지 않고 참회하며 바르게 수행 정진하며 살아야겠다고 다짐하게 되었다. 마음공부를 하면서 모든 것은 내가 짓고 내가 받는다는 자업자득의 연기법을 철저히 자각하게 되었고, 지나온 삶을 회광반조하게 되었다.

감사와 포교의 생활

부처님께 귀의하고 나서 생활에 많은 변화가 있었다. 불제자로써 모든 생명을 사랑과 자비로써 대하고자 의식적으로 노력하고, 인간과 다른 생명을 보는 관점이 180도 바뀌었다. 모든 존재는 '일체중생실유불성'이라는 부처님의 자비로운 말씀을 가슴 깊이 새기고 일상에서 내가 할 수 있는 일부터 하나하나 실천하기 시작했다.

우선 감각기관으로 인해 생기는 욕망을 조절하고 다른 생명을 해치지 않도록 하기 위해 채식 위주의 생활을 했다. 물질만능주의의 폐해와 인간성 상실에 맞서 환경과 생명의 원천인 지구를 보존하기 위해 소비를 최소한으로 줄이고자 노력하고 있다. 우주의 일원으로 흔적 없이 살다가 후손에게 오염되지 않은 세상을 물려주기 위해 소욕지족 하고, 지수화풍의 자연에 순응하며, 하루하루 숨 쉬며 살아있음을 감사하며 지금 이 순간 바로 여기에 집중하여 청정하게 살고자 노력한다.

또한 탐진치 삼독심으로 나와 가족만을 위해 살아온 인생을 되돌아보고, 작은 것이라도 이웃과 나누며 매일 백팔배로서 스스로를 새롭게 단련시키고 있다. 가까운 사찰에서 기도를 꾸준히 하며 신구의 삼업을 정화하고 조절하고자 노력한다. 아침에 일어나면 가장 먼저 향을 사르고 부처님께 삼배를 올리며 발원으로 하루를 시작한다. 하루의 마무리는 몸과 말과 생각으로 지은 악업을 참회하고 무탈함에 감사의 절을 올린다. 불보살님의 명훈가피와 내 깊은 곳의 불성이 일심이 되어 신심은 나날이 깊어지고 몸과 마음이 정화되어 수행으로서 다시 태어남을 실감하는 나날이다.

이러한 기도의 공덕인지 불교에만 빠져 있다며 불평하고 나무라던 남편도 어느새 유튜브 방송으로 스님들 법문을 들으며 불교방송의 애청자가 되었다. 지금은 가까운 사찰을 순례하며 불심을 함께 지피고 있는 가장 가까운 도반이 되어 천년고찰의 아름다움에 대해 탄복하며 순례를 이어가고 있다. 또 내가 일하는 상담센터는 부처님 법을 은근히 포교하는 포교당이 되었다. 만나는 내담자에게 자연스럽게 불교를 권하고, 스님들의 법문과 불서, 좋은 사찰을 소개하며, 연등이라도 꼭 달도록 권유하여 불자로 거듭나도록 인연지어 주고 있다. 이 작은 불연의 씨앗도 언젠가는 새싹이 나고 꽃을 피우고 열매를 맺을 것이라 믿는다.

지금 이 순간 발원합니다

불교를 만나기 전까지 나는 세속적인 성취와 욕심을 채우기 위한 삶을 살았다. 세상에서 고군분투하며 가족을 위해 돈을 벌고 남들과 경쟁하며 치열하게 허둥거리며 남을 이기고자 살았다. 그러나 어느 순간 그러한 삶이 생에 대한 지나친 집착임을 자각하고 그 모든 행동이 부질없게 느껴졌다. 하지만 그동안 남을 원망하며 불평불만하던 생활은 어느덧 물거품처럼 사라졌다. 모든 존재의 도움으로 살아가고 있다는 자각으로 매일 기쁨과 행복으로 마음이 충만하게 되었으며 무상하기 때문에 더 없이 소중하고 아름다운 인연에 감사하고 항상 깨어 있는 알아차림으로 정진하고 있다.

인생의 중년기에 접어든 지금 인생을 찬찬히 되돌아 볼 때, 부처님께서 깨달음과 불법의 세계로 나를 안내하려 보이지 않는 명훈가피력을 언제나 은근한 햇살처럼 보내셨던 것 같다. 20대 초반 조계사 근처를 지나며 우연히 산 염주를 언제나 끼고 다녔던 일, 깊은 산 속에서 참선하는 꿈을 자주 꾸는 일, 남편의 일이 잘 풀리고, 교통사고에도 무사했던 일 등 이러한 가피가 불국토로 이끄는 불보살님의 손짓이었음을 알게 되었다.

앞으로 남은 인생 나의 일거수일투족을 보살행을 실현하는 도구로 삼고 싶다. 인연되는 모든 중생을 부처로 대하고 그들이 불성을 회복하고 행복과 깨달음의 길로 나아가도록 돕는 찬탄보살이 되어 내가 먼저 청정해지고 밝아져야겠다고 합장하고 발원한다.

일상에서의 회향

부처님은 보리수 아래에서 무상정등정각의 거룩한 깨달음을 이루신 후 수백 킬로미터를 걸어 다섯 비구에게 초전법륜을 굴리셨다. 그들은 멀리서 다가오는 부처님의 존재 자체에 저절로 감화되었다. 초전법륜의 사성제 팔정도의 말씀을 가슴에 새기며 보리심과 자비심으로 내가 만나는 모든 생명, 사람, 상황에서 자비의 씨앗을 심고 싶다. 내가 불법을 만나 마음이 밝아지고 환희심으로 충만해진 과정을 많은 이들과 함께 나누고 싶다. 그들의 고통을 어루만지고 다독이고 싶다.

작은 소망이 있다. 마음 둘 곳 없어 괴로운 분들에게 작은 마음의 쉼터를 만들어 언제든 찾아와 쉬어 가고 진리의 향기를 함께 나눌 수 있는 치유공간을 만들고 싶다. 모든 존재의 도움으로 내가 생존할 수 있었음을 깨닫고 난 후, 불보살님의 은혜를 갚는 일이 이번 생에서 나에게 주어진 숙제임을 알았다. 이것을 깨닫기까지 45년이 걸렸다. 그동안 잘난 척하며 남을 무시하고 자만했던 악업을 참회하며 하심하며 정진하는 삶을 살 것이다.

창문을 살짝 열어본다. 꽃샘추위인 요즘 봄바람에 콧등이 시큼하다. 이 봄바람은 어디서 이렇듯 불어와 마음에 꽃향을 심어 놓는 것일까. 꽃바람의 향내음이 내 영혼 깊은 곳을 적신다. 들이 마시고 내쉬고…… 숨을 쉰다는 게 이렇게 행복한지 예전에는 왜 몰랐을까. 지금 이 순간 금강의 견고한 마음으로 화엄의 꽃을 피워 반야의 지혜로 세상에 회향하겠다. 나무관세음보살.

삶의 역경마저 신행의 과정으로 삼다

김형중(동국대학교 사범대학 부속여자고등학교 교장·문학박사)

신행수기를 읽으면 한 편의 드라마를 보는 것 같다. 응모작을 읽으면서 심사위원들은 큰 감동을 받았다. 해가 거듭할수록 공모 작품의 내용이 다양해지고, 특성이 두드려져서 최종심에서는 우열을 가리기 쉽지 않았다. 이번 신행수기의 특성은 응모작 대다수에 불교적 신행이나 불교사상이 글 속에 녹여져서 표현되고 있다는 점이다. 어느 정도 불교의 수행이 되었다는 증거로서 신행수기의 중요한 조건 요소인 진정성을 확인할 수 있었다.

모든 문학작품에는 기승전결이 있어야 하듯 신행수기 역시 사람마다 제각기 피하지 못할 사연이 있고, 나름대로 역경과 고통을 불교적 수행과 기도로서 극복해 중생의 고통스런 삶이 기쁨의 공덕으로 전환되는 과정이 균형 있고 완성도 높게 표현되어야 한다. 효부孝婦 대상을 수상한 사람을 보면 30년은 병든 시부모의 병수발을 해야 자격이 된다. 그의 효성이 귀감이 되지만 정작 자신의 인생은 망가지고 피폐해진 희생의 대가요, 보상이다. 하지만 신행수기는 이와 다르다. 반드시 불교의 수행과 기도로서 고통을 극복하고 환희와 기쁨으로 전환되는 감동의 공덕이 있어야 하고 신행의 지속성이 있어 다른 불자들에게 신행의 모델이 되어야 한다.

〈진흙에서 핀 연꽃처럼〉의 이정희 불자는 60세 주부로서 가정사의 불행을 부처님의 가르침과 수행으로 의연하게 극복했다. 말기 암 진단을 받은 남편에게 "당신이 잡고 있는 삶에 대한 애착의 끈을 한번 탁 놓아보세요"라고 위로하며 《금강경》의 무소주無所住와 무주상無住相의 가르침을 전함으로써 공포와 두려움에 떠는 남편을 편안하게 보내주었다. 자신 또한 삶과 죽음의 애착에서 벗어나 감동적이고 멋있는 삶을 살아가는 이상적인 불자의 모습을 보여주었다.

최옥란 불자의 〈어머니 보살님〉은 조선족 유학생으로서 한국에 유학 와 불교를 처음 만나 불교사상과 정각 스님의 지도로 자궁경부암과 우울증을 극복하고 불교에 진심으로 귀의한 과정이 진솔하고 감동적이었다. 짧은 기간의 신행이지만 불교사상을 이해하고 체득해 훌륭한 신행수기로 담아냈다. 한국에 사는 외국인들의 신행 길잡이로도 충분하다.

김영관 불자의 〈내 삶은 부처님 품안에서〉는 군대 휴가 중 교통사고로 뇌병변장애와 언어장애인이 된 상황에서 부처님의 법을 만나 용기와 희망을 가지고 불자장애인 모임 '보리수아래'에 가입해

봉사활동과 베트남 장애시인들과 공동시집을 내는 등 장애를 신행의 힘으로 꿋꿋하게 극복하는 모습이 아름다웠다.

〈제주에서 날아온 희망〉의 이상복 불자는 불교에 입문해 장애인을 위한 봉사활동을 하고 있는 신실한 불자다. 젊은 날 술을 많이 마시고 몸을 살피지 못해 심장병 말기 상황에서 기적적으로 심장이식 수술을 받고 새로운 삶을 얻은 감동적인 이야기다.

허인영 불자의 〈봉정암 가는 길〉에는 삶의 역경과 고난이 없다. 허정애 불자와 남편은 함께 공부하고 자비나눔을 실천하는 부부이자 도반이다. 20여 년간 모은 기금을 장애인단체에 보시하는가 하면, 개신교 학교에 파라미타청소년연합회 지부를 설치해 학생들과 문화재지킴이 활동을 펼치고 있다. 부처님 가르침을 좇아 묵묵히 실천하는 수많은 불자들이 존재하기에 1,700년 한국불교가 이어져올 수 있었음을 다시금 생각하게 하는 작품이다.

신행수기를 읽으며 글을 쓰는 것도 수행이라는 생각을 했다. 중생의 아픔, 우리 불자들의 아픔과 신행과 기도소리를 들으며 관세음보살을 생각했다. 이웃종교는 '목회학' '설교학'에서 '신앙간증'을 중요하게 다룬다. 우리 교단에서도 '설법포교학'을 새로이 개설하고 전법 설교하는 데 '신행수기'를 소통과 포교의 도구자료로 삼았으면 한다.

신행수기 공모 안내

불자님들의 지극한 신심과 가피 이야기를 담은
신행수기 공모는 해마다 부처님오신날을 앞두고
진행됩니다.

공모 기간
매년 1월 1일부터 4월 30일까지

공모 자격
조계종 신도증 소지한 불자님

공모 메일
sugi@beopbo.com

문의
법보신문 02)725-7014